料理に対する「ねばならない」を捨てたら、うつの自分を受け入れられた。

阿古真理

幻冬舎

料理に対する
「ねばならない」
を捨てたら、
うつの自分を
受け入れられた。

はじめに

昭和後半に育った私は若い頃、戦争も災害も大事件も遠いできごとのように思っていた。ところが、阪神淡路大震災の被災者となって、東日本大震災も東京で体験。今は新型コロナウイルス感染症の脅威にさらされている。そして個人的に最も大きな事件は、うつを患い慢性化したことだった。

本書では、私自身のうつ体験を、回復の手助けになった料理を通して描いた。今はうつが珍しくない病気とされ、闘病記もたくさん出ているが、それでも自分自身が発病するのは、大変な体験である。身近な人との関係が試され、仕事や生活との両立が困難になる。だからこれは、困難に遭ったときに、どう対応し日常をやりくりするかを手探りした本ともいえる。

ここ数年、世の中では家事の省力化やシェアを求める声が大きい。コロナ禍では、女性の負担の大きさもクローズアップされた。それでも、日々の料理を手づくりしようと試みる人は多い。人はなぜ料理をするのだろう。以前『料理は女の義務ですか』を書いたときは、社会背景や歴史からこの問題について考えたが、今回は自分の心と体を使って答えを探した。

料理は、ほかの「もっと大切なこと」の後回しにされがちで、誰かにつくってもらっている人はそれが当たり前だと思いがち。しかし、誰がつくるにせよ不可欠というやっかいな存在でもある。慢性的な病気も、いったんかかってしまえば、つき合わざるを得ない。現実とどう折り合いをつけるか。病気や料理と私の和解の物語を、あなた自身の道を見つける手がかりにしてくれたらうれしい。

第三章 うつと女性

第四章 うつと仕事

第五章 うつとジェンダー

第一章

うつと料理

36歳、うつ発症！

私が「間違いなく自分はうつにかかっている」、と認めざるを得なくなったのは、36歳のときだった。今は「あるよねー。そういう時期」と風邪並みに軽く扱う人もいるぐらい、珍しくない病気になったが、昭和に育った私にとって、それは深刻で直視したくない現実だった。何しろ私が子どもの頃、精神病患者は「気が狂っている、危ない人」と敬遠されがちな存在で、家族は恥とし、病人は人目を忍んで暮らさなければならなかったのである。

病院にかかりたくない別の理由もあった。大学で受けた精神衛生学の授業で、精神病にかかると、原因を掘り起こすため幼児期のトラウマに向き合わなければならないと教わったのだ。そういう教育を受けたのも昭和だった。

母親の顔色をうかがいながら育った自覚がある私は、そんな過去を掘り起こすのはイヤだった。自分がうつかもしれないとうすうす気づきつつ、病院に行くことから逃げていたら、もうとんでもなく深刻な病状になってしまった。

私は26歳のときに阪神淡路大震災で被災している。あのときもいろいろあり、その後夜あまり眠れなくなっていた。30歳で結婚して移り住んだ東京の部屋が、幹線道路への抜け道に面していて騒音が大きかったのもよくなかった。その道が便利だと情報が広まったのか、次第に交通量がふえ、ますます眠れなくなった。さらに、仕事先の人からパワハラも受け、眠るために夜に夫と散歩している途中も、「私が悪いの。私がダメなの」と自分を責めて泣きじゃくる、という状態になる。もうこれはどうしようもない。

トラウマとの直面が怖かったので、最初のうちは内科で薬を処方してもらっていた。最初にかかった内科の先生が、専門でなかったからか、睡眠導入剤で眠れるようにはなったものの、日中の症状はむしろ悪化した。坂道を転げ落ちていくように悪くなる病状を、食い止められなかったのである。精神科へ転院したのは数年後。精神科の先生の診察で幼少期の記憶と向き合わされたことはなく、今でもお世話になっている。

最悪の時期は、最初の2年間ぐらいだったと思う。よく覚えているのは、仕事のことで何か思いつき、起き上がってメモを取ろうとしたら、1行書くだけで全力疾走したみたいに息が切れてしまったこと。1日の大半を寝て過ごしていたこの頃、横になっている自分の体が重くて邪魔で、空中に浮かんでいられたらいいのにと願っていたこと。目をつぶるのもしんどいし、視線を動かすのもしんどいので、特に見たいわけでもない一点をじっと見ていた。

うつの人が周りにいる人は、うつの人が一点凝視するのをご存じかもしれない。それは、瞳を動かしたり瞼を閉じたりすることすらしんどいからなのだ。

おかげで深刻な病気になる、とはどういう状態か想像できるようになってしまった。ドラマで死にかけている病人が、来客があるとちゃんと座って応対したり、死にかけているときにちゃんと体を起こして滔々としゃべりまくるのは、絶対嘘だと思う。この理解は、亡くなった義母が病気になった折に役立った。電話で病状を話す義母と「お義母《かあ》さん、今こんな感じなんですね」「そうやねん!」「それ、医者にちゃんとしんどいって、言ったほうがいいですよ」といった会話ができたから。もしかすると、少しは気持ちを軽くするのに役立てたかもしれない。

寝室の窓が、部屋の角を覆う形についていたので、南側と西側の光が射し込み、東の白い壁を照らす。光があたる位置がゆっくりと移動していくのを、布団の中からじっと見ていた。

生きているものと接したくて、たまに花を買う。しかし、飾れる棚が寝室に寝ているとあまりよく見えない位置にあり、窓から見えるのも隣の家の壁だけなので、「庭が見える部屋に住みたい」と切実に願っていた。自転車で10分走れば緑豊かな公園に行けるのに、その体力がなかった。

1日中寝ていると、ちょっとした音にも敏感になる。窓からは見えない1階の大家さんの庭木の葉っぱが、カサッと落ちる音が聞こえ、そんな気力もないのに俳句でも読みたい気分になる。「ああ、私は正岡子規の気持ちがわかる」と、よく知りもしないのに共感していた。

数年後に松山へ行った折、子規が居候した漱石の下宿先、愚陀佛庵《ぐだぶつあん》を訪ねた。広い公園になっている縁側からの景色をぼんやり眺め、「これが子規の部屋かあ」と感慨に浸る。しかしその後、子規が晩年を過ごした子規庵は東京にあると知り、自分の感慨が間違っていたことを知った。愚陀佛庵はその年、豪雨被害を受け全壊してしまったので、その前に行けたことはよかったと思う。

さらに数年後、初めて『仰臥漫録《ぎょうがまんろく》』を読む。子規は病床にいながらも、深刻な病状になるまでは見舞いに訪れる大勢の友人に囲まれて過ごし、大いに食べていたことを知った。寝たきりの状態なのに、最大限に遊ぶパワフルさは、私の心境とはぜんぜん違うのではないか。そもそも現代俳句の父と自分を同列に並べる時点で、図々しいのだが。

床に臥《ふ》していた頃、私は料理ができなかった。

長く立っているのがしんどいというのはもちろんあるけれど、一番の問題は料理の段取りができないことだった。料理は、かなりクリエイティブな家事で、技術も要する。食材を洗う、切る、炒める、煮る、焼く。一つ一つの作業は単純だが、それをどのような順序でやるか、どのぐらいの手間をかけるのか、その段取りを考えなければいけない。2品以上の料理をつくる場合は、作業が複雑に絡み合う。

何より大変なのは、献立を決めることだ。冷蔵庫に残っている食材を頭に入れたうえで、買ってくるべき食材を決めることも困難だ。思考力が減退しているので、そもそも何を食べたいか考えることすら、当時の私には難しかった。そして、もやもやとしている頭の中の思いを、アウトプットする力もない。

今でも体調が急に悪くなると、言葉が出てこなくなるが、うつ真っただ中にいると、考える力が下がるし、感じていることを言葉として表現する能力も衰える。なかなか思う通りに動かない体を使って、何かすることも難しくなる。

そういう状態は、料理をするうえで危険である。料理は、瞬発力を要求する作業であるうえ火と包丁を使う。危険極まりない。

何より料理しようという気力が湧かない。「料理しなきゃ」と思っても、体がテコでも動こうとしないのだ。そんな状態の私を見て、夫が料理を毎日つくることを引き受けてくれた。それまでは交代で料理していた。あの頃、夫は仕事で夜中までパソコンに向かうことがひんぱんにあったにもかかわらず、私が料理どころではないので、毎日つくってくれたのである。

このことをいまだに私は感謝し続けているし、夫への不満が溜まったときも思い出してしまう。本当に困っていたときに助けてくれたこと。これは私を夫に結びつける絆の一つになっていると思う。

一応ほかの家事はできる。というか、体を動かさないと回復がますます遠くなるので、リハビリを兼ねてやる。掃除も洗濯も買いものも洗いものもできたけれど、料理だけはできない。ほかの家事は、もちろん工夫すればいくらでも大変になるが、ルーチンで作業としてこなすこともできる。料理だけができない、という状態は、いかに料理がクリエイティブで高度な能力を要求される家事であるかを、私に教えてくれた。

そんなうつとの闘いの日々で、料理を通して学んだことはたくさんあった。それを、病状回復の経過に合わせて書いていきたい。

恐るべき食い意地

自慢ではないが、私は食いしん坊である。子どもの頃は、食べることが何よりの楽しみだったし、本やアニメ番組は、食べるシーンばかりいつまでも覚えている。

よく知られているアニメの場面と言えば、『アルプスの少女ハイジ』での、おじいさんが火にかざしてとろけさせるチーズのかかったパン、ハイジがペーターのおばあさんに食べさせたかった白パン。『はじめ人間ギャートルズ』に、しょっちゅう出てくるマンモスの肉などがある。昭和の子どもで、これらが好きだった人は多いだろう。でも私の記憶に残る食べものの場面は、もっとたくさんある。

それは児童文学や小説に出てくる。特に英語圏の文学には、なぜか食べものの描写が多い。たぶん、アガサ・クリスティの推理小説だったように思うが、よく登場したのが、ローストビーフに添えられるヨークシャープディング、シェパーズパイ。どんな食べものだろうと妄想したものだ。

お茶の時間の場面にお菓子がたくさん並べられている描写もあり、特に『赤毛のアン』シリーズは、お菓子だらけだった。お菓子と洋服の描写が続く中に、物語が埋め込まれているような印象すらある。『小公女』や『マッチ売りの少女』『ヘンゼルとグレーテル』『アラジンと魔法のランプ』に出てくるごちそうも、食べてみたかった。

食べることへの関心がやたらと高いので、「食欲がない」という経験がほとんどない。だから高校2年生の夏、お腹にくる風邪で食欲を失い2キロやせたときは、初めて食べられない病気になった自分に感動したりした。何しろ周りには、細いくせに体重増加を心配して、「ダイエットしなきゃ」「甘いものセーブしなきゃ」とばかり言う同級生がたくさんいたのだ。いつでも大きめの弁当箱の中身を平らげ、さらに売店へおやつを買いに行く自分は、きっと女の子らしくないのだろうと感じていた。

しかし、うつを患った私の命を救い、回復へと導いてくれたのはきっと、その食い意地だったのだと思う。うつは、欲望が失われていく病気である。食欲を失う人も多いと聞く。私も、何を食べたいかすらわからない状態だった。それでも、朝目が覚めたらお腹が空いているし、12時頃になると空腹を覚えるし、夕ご飯だって食べたかった。

スナック菓子やせんべいなどは、台所に常備していた。うつですっかり冷え性になってしまったため、冬場はチョコレートが手放せなくなった。温かい飲みものも体を温めてくれるが、お湯を沸かす手間がかかるし、お腹がタプタプになってしまうので、飲み続けるわけにはいかない。しかし、チョコレートの1粒2粒なら、気軽に何回でも口にできる。体がふんわり温まるし、その濃厚な甘さが心を癒してくれる。

チョコレートの医学的作用はわからない。しかし、きっとうつには役立つ。そう思わされるシーンが『ハリー・ポッター』シリーズにある。

ちょっと回復した頃、私は児童文学のファンタジー作品から読書を再開したのだが、その頃次々と刊行されて話題になっていた『ハリー・ポッター』シリーズも全巻読んだ。その中で、吸魂鬼（ディメンター）という、人の魂を吸い取るファンタジー界の生きものが登場する。そいつに出会って心が冷えた人は、チョコレートを食べると回復するのである。生きる希望を失わせる吸魂鬼は、たぶんうつの象徴だと思う。

食欲の話だった。最初の数年間、治療にあたってくださった内科の先生は、診察のたびに脈を測って「食欲は？」と尋ねた。そのたびに、「あります」と答える自分が、バカみたいな気がする。こんなにしんどくて、何も楽しくないのに、お腹だけは空いてしまうからだ。

夫が仕事に追われて、なかなか食事の支度ができないときも、だんだん耐えがたくなってくる空腹感が恥ずかしい。つくれないし、せかすのも悪いような気分になる。

なぜ私はお腹が空くのだろう。なぜがまんができないのだろう。それに、健康だろうが病気だろうが、空腹になるとイライラする。うつになってからは、お腹が空いた自覚がなくても、何だか気分が落ち込むようになった。

そういう私のパターンにやがて気づいた夫は、一緒に出かけて夕方になり、私がダメな気分になってきたとみると、「何か食え」と言うようになった。何しろ空腹の私は、いつも以上にグズグズとうざいのである。

毎日毎日、お腹は空く。たとえ今が死にたい気分でも、明日に何の希望もなくても、仕事でやってみたいことも、遊びに行きたい先もなく、会いたい人もおらず、叶えたい夢を何にも思いつかなくなってしまっていても。

なぜ何も希望がないと言いながら、食べて生きていたいと体は望むのか。なぜ自分は空腹に耐えられないのか。あの頃、自分の中に残ったわずかばかりの欲望の最大のものが、食欲だった。その原始的で制御が難しい欲望だけが、私を明日へと導く力となった。料理がどうこうと考えるより前に、食べることが大事だ。料理は、食べるためにつくるものなのだから。

人は、食べるために生きることも、生きるために食べることもある。食欲は、生きるうえで最も基本的で、そして何よりも大切な欲望である。それは時に、その人の命綱となる。

子どもの頃、毎週の放送を楽しみにしていたテレビアニメの『銀河鉄道999』で、主人公の鉄郎と同伴者のメーテルが、危険な星へ降り立つ前に食堂車へ行くシーンがあった。ステーキをぱくつく鉄郎を見て、メーテルが「食欲があるのはいいことよ」と話す。緊張や怖れのため食欲を失い、戦闘時の体力が続かず倒れる人を、彼女はたくさん見てきたのだろう。

その場面を心に刻んだからというわけではないが、私はその後、早朝に起こった阪神淡路大震災の当日も、いつものようにトーストを焼き、紅茶を淹れて飲んだので、母からあきれられた。

そのときは、直前の連休中にスキー旅行で借りた部屋で連日和食の朝食だったため、いつものトーストの朝食が欲しかったのだ。それに、先が見えないからこそ、食べられるときに食べておきたいと思った。「よくこんなときに食べられるわね」と母に厭味を言われたが、そんな風に時間が来たらお腹が空く体に育てたのは、毎日主婦として台所に立ち、規則正しい食生活を提供してくれた母なのである。塾に行っていた小学校高学年のとき以外、わが家は毎日、夕食は午後6時半と決まっていた。父が仕事でいないときも、ほかの家族は同じ時刻に食卓を囲んできたのである。

そういう習慣を高校時代まで守ってきたため、私は毎日とても健康的にお腹が空く。つまり、朝目が覚めたらお腹が空き、お昼どきになったらお腹が鳴り、夕方になると空腹を覚える。朝寝坊が習慣化した大学時代など、10時や11時に朝ご飯を食べていたくせに、12時を過ぎると、もう母親に「お昼まだ？」と聞いて「あんたは食べてばっかり！」と嘆かれた。大きななりをして手伝おうともしないくせに、お腹を空かせる娘。そりゃあいら立つだろう、と料理する生活を送る今ならわかる。

たぶん、私の生命力は、食べる欲望で維持されてきたのだと思う。死にたい衝動が何度やってきても、生きていても何も楽しくないと思っても、体が動かなくても、鳴ってしまうお腹が私を守ってくれた。

食べないと機嫌が悪くなるのはやっかいだし、そのことで困る場面もあるだろう。でも、体の衝動を自覚できることは大事である。どんなに文明が進化しようが、生きものである人間は、食べものを通して栄養とカロリーを摂らないと生きていけないことに変わりはない。食べものの香りで食欲を高め、味わい咀嚼《そしゃく》することが、自分の体と心を守ってくれる。食べるものは、食べる人の命を守ってくれるのだ。

「選ぶ」は、かなり難しい

夫婦で友人たちと久しぶりに会った食事会。定食の味つけを選ぶことを迫られた男性の友人が、脂汗をかいていた。夫と長年親しくしている彼は、私にとってうつの「後輩」である。「経験者の家族だから」と、彼は病気について何度も電話で夫に相談していた。私も一度、電話を替わって相談にのったことがある。彼がどんな風にしんどいのか、よくわかるし、自分なりの対策もある程度話せるからである。

彼がそのとき脂汗をかいた理由も、わかる。うつは、選ぶことができなくなる病気だからだ。選ぶということは、考えることであり、しかも、自分が何を欲しいのかも決定を迫られる。

考えるには、能動性が必要である。そしてこの場合、欲望も生み出さなければならない。それはうつの人にとって、大変なエネルギーを必要とするのである。

私は料理ができなかった頃も、ほかの家事はしていたと「36歳、うつ発症!」で書いた。しかし、選ぶことが不可欠な買いものをするのは、難しかった。

あの頃は、よく商店街の八百屋で買いものをした。店は同年代のお兄ちゃんがやっていたので共通の話題も多く、よくお兄ちゃんと話し込んだ。私はヒマだったし、店へ行く昼過ぎには客がほとんどおらず、10分20分おしゃべりする余裕がお兄ちゃんにもあったのである。

これは少し回復してからの話だが、私はヒマに任せて、週に数時間、店で働かせてもらっていた時期がある。食文化の研究を始めていて、人が何を買うのか知りたかったのである。すると、下町のおばちゃんたちは、いつも同じ材料で同じ料理をつくるらしいことがわかった。パターンが決まった生活を好み、たぶんレシピ本を買ってまで新しい料理を検討したりはしない。

珍しい野菜は売れないので、店に置いていない。でも、その店の野菜は安いのにおいしい。それまで使っていたスーパーでは、苦い大根やスカスカの大根にあたることがあったが、八百屋で買う大根には外れがない。

その店で買いものをするきっかけも、質がいいことだった。散歩で初めて通りかかった折、店員のおじさんから、アスパラガスをすすめられた。「これうまいよ。味つけなくたってうまいんだから」と言われて買ってみたところ、確かに塩茹でだけで十分にうまみが感じられた。

そのおいしさは、何年も前の春先に札幌へ出張したとき、和食の店で出されたアスパラガス以来だった。それまで私は、グリーンアスパラガスを特においしいとは思っていなかった。しかし、札幌で食べたアスパラガスにはうまみがあって、さすが産地は違うと驚いた。その味に、東京の八百屋のものが負けていないのである。アスパラガスも鮮度と品質なのだ。そういうアスパラガスを買えるなら、とその店で買いものをするようになったのである。

ただ、先の理由で品ぞろえがマンネリだ。春秋は多少バラエティがあるが、夏はトマトにナス、ピーマン、キュウリなど、冬は根菜類が中心。決まりきった食材しかないので、食卓に並ぶ料理もワンパターンになってしまう。もうちょっと目先の変わったものが欲しい、というのが不満ではあった。

ところが病気になると、そのマンネリの中ですら、野菜にいくつも種類があることが、高いハードルとなった。シシトウとピーマンのどちらを選べばいいのか。ナスは必要なのか。タマネギと長ネギと青ネギの、どれを選べばいいのだろうか。

買いものは、料理工程の中でも高度な部類に入る。献立と家に残っている食材を考えながら、購入する食材を決める。その日の天候、家族の体調や、前の日に何を食べたかなども考慮しなければならない。食材の良し悪しも見分けなければならない。もちろん予算も大切だ。そんな複雑さのためだろう。買いものが苦痛だ、という人は多い。そのときは料理は夫に任せていた時期だったので、献立は考えなくてもよかったが、それでも食材を選ぶのは大変だった。「何を買ったらいいのか、わからない」と夫に泣きつくと、「定番を買えばいいねん。いつもと同じものを買ってくれば、その中で適当に何かつくるから」と言われる。「定番って」「タマネギとニンジンとジャガイモとか、キャベツや白菜」と言う。

それで半泣きになりながらも、それらの食材を買ってくる。いつも買っている、いつも食べている食材をとにかく買う。脂汗をかいても、パニックになった後でも、ふつうの状態のような顔をして、八百屋のお兄ちゃんとしゃべるうちに何となく落ち着いてくる。そうして買いものができた、ということから小さな達成感が得られる日もある。

そのうち、季節が変わって新しい食材が店頭に並ぶ。箱入りのマイタケが並ぶ。買うには高いがマツタケも並ぶ。栗がツヤツヤとザルに入っている。ああ秋になったんだなと思う。季節が進んで年末に近くなってくると、おがくずがついたユリ根のパックが並ぶ。金時ニンジンが登場する。東京の雑煮に使われる小松菜の値段が上がる前に買っておかなければ、と気がつく。キラキラと輝く黄色の柚子が並ぶ。

年が明ける。「白菜は根元の芯を切って、新聞紙でくるめば長持ちするよ」とお兄ちゃんに言われ、白菜を丸ごと買う。半分に割ってもらうときもある。夫は白菜を使った料理が得意だ。私は一人暮らしの頃、鍋ものかツナと煮る方法しか使い道を知らず、4分の1カットを使い切るのに苦労したが、夫は「白菜があったら何でも使える」と言い、味噌汁や炒めものにする。豆板醬で肉と一緒に炒めた白菜を食べると、刺激で体がシャンとして、その後ホクホク温かくなる。

菜の花がカキ菜と交替する。カキ菜は関東の野菜で、埼玉県や北関東で栽培されている。お兄ちゃんは「おふくろがつくるお浸しがおいしくてさ。これ、好きなのよ」と、懐《なつ》かしそうに言う。お兄ちゃんのお母さんは、ずいぶん前に亡くなったのだと言う。

私にとって懐かしいのは、ウスイエンドウだ。当時はその名前も知らなかった。八百屋には、薄緑色のさやに入ったウスイエンドウと、鮮やかな緑色のさやのグリンピースが並んでいる。「豆ご飯にするにはこっちだよね。でも、緑のさやのほうを使いたがるお客さんも多くてさ」とお兄ちゃんは言う。私が薄緑のさやのエンドウがおいしいと知っていたのは、少し前まで毎年義父から大量のウスイエンドウが送られてきていたからだ。

義父は長年、恩師から借りた畑で野菜をたくさんつくっていた。「俺が1人のときは何も送ってくれへんかったのに」、と夫は言う。私は多忙な時期に限って送られてくる野菜に不満を言いながら、夫と一緒に段ボールいっぱいのウスイエンドウのさやをむく。それが実は関東では貴重な野菜とはつゆ知らず。でも、義父は私が病気になる前に、ガソリン代の高騰を理由に畑をやめてしまっていた。

今住んでいる町では、ウスイエンドウが手に入らない。たまにグリンピースで豆ご飯をつくってみるものの、コクが足りず柔らかさも足りないその豆では、あのご飯になじんでうまみがある豆ご飯をつくれない。関西人の春は、何はともあれ豆ご飯なのに残念だ。

季節を告げる食材にうながされ、旬の目新しさに惹かれて買いものをする。そうして少しずつ選べるようになり、やがて料理ができるようになる時期がやってくる。

うつのおかげで生まれた時短ミニマム料理

わが家の家計は折半で、負担する支払いの分担が決まっている。食費は私の担当である。私が病気でほとんど仕事ができなかった時期も、分担は変わらなかった。

その頃、年齢的にも仕事は転換期に来て行き詰まっていた。頭が回らなくなる病気だから、新しい仕事を得るために企画する能力も、ネタを集めるパワーも衰えている。それでも2人とも儲からない分野で働いているので、お互いが経済的に自立していなければ家計が回らなかった。

もちろん、そんな私を夫は心配した。自分が仕事を変えてもっと家賃が安いところへ引っ越し、私が専業主婦になったらどうかとか、スーパーのレジなどでアルバイトをしたらどうかなどと提案してくれた。

確かにその頃の私は失業状態だったが、自分の生活費は自分で稼ぐ人生を歩む、と若い頃に決めていたし、夫に自分を曲げて仕事を変えて欲しくもなかった。アルバイトをしなかったのは別の問題で、不特定多数の人を相手に働き、すばやく対応することを求められるサービス業が、病気の私に務まるとは思えなかったからである。日銭を稼げるようになって、本業への意欲がますます弱くなることも恐れていた。

うつは、変化を恐れる病気である。イレギュラーなことや、一度に二つ以上のことに対応することが難しくなる。しかも、ちょっとした生活の変化も、大きな精神的負担になる。毎日をできるだけ安定した、予測の範囲内に収めることが、体調の安定につながるのだ。


結局、少しずつでも仕事をすること、貯金の上澄みをちょっとばかり使うことで何とか乗り切ったように思う。夫も私の負担が少なく、できそうな仕事を回してくれた。分野は違うが、夫も出版業界で働いているのである。

少ないお金で食費をやりくりするため、できるだけ工夫をした。いつも行く八百屋のお兄ちゃんは、私が店で働いたりもしたから察していたのだろう。ときどき、古くなった野菜を譲ってくれた。魚屋で買うのは、干物やアジ、サバなどできるだけ安い魚。良質なものを選んでいた調味料も、グレードを下げた。漬けものやジャムといった、プラスアルファの1品はなし。

切り詰めた家計の中で、昔の農家が不作を乗り切るときコメを節約するために「大根飯」を食べた、など大根が貧しさを救う作物でもあることが、よくわかった。当時私が買っていた大根の値段は、1本150円ほど。それだけあれば、1週間は助かる。お腹がふくれるし、量が多いのである。

それから、冬は白菜を丸ごと、それ以外の季節はキャベツを丸ごと買うと、やはり1週間は使い回せる。それらも200円前後である。ニンジン、ジャガイモ、タマネギなどの定番の野菜も割安だ。

少し回復して料理ができるようになると、これらの定番野菜を駆使した料理をするようになる。何品も並行してつくる技量が当時なかったことや、献立を考える気力がなかったこと、家計が厳しかったことが合わさって、品数はいつも少なかった。

そんな頃に編み出したのが、ミニマム料理である。これは、使う素材が1種類で、工程が最低限の料理だった。

夏はカボチャを丸ごと買う。丸ごとなら長く保存できるので、使いたいと思うまで、台所の野菜ボックスに放置しておける。先ほど挙げた定番野菜はどれも、保存ができるところも助かる。買っておけば、今日明日に使い切らなくても大丈夫。「〜ねばならない」というストレスをできるだけ少なくすることも、うつには必要である。

丸ごとのカボチャを割るのは力がいるので、夫に頼んでいた。二つ割か四つ割にしてもらった後、種とワタを取り除く。本当は種だって食べられるのだが、どう料理したらいいかわからなかったので、それは捨てていた。使わない分はラップでピッチリくるんで冷蔵庫に入れておけば、1週間ぐらいは使える。長く置くと端っこが白くなるので、そこの部分は削って捨てる。もちろん早く使ったほうがいいに決まっているが、急がなくても大丈夫、と思えることが、精神的負担を少なくした。

カボチャのかんたん料理の定番は、煮つけである。しかし、まとめてつくって2回、3回と煮返すと、皮が割れてくる。下手をすると最初に煮た時点で、煮過ぎて割れてくる。皮が外れた身はすぐに崩れて食べにくい。しかも、出汁をつくらないといけないのが手間である。

そこで思いついたのが、カボチャ蒸しだ。幸いわが家には、蒸し器がある。煮つけと同じように4分の1個や2分の1個を、3〜4センチ角に切り、鍋の底に水を入れて沸騰させた蒸し器に入れ、上からパラパラと塩を振りかける。それで数分ほど中火にかけて蒸す。皮の内側に竹串を刺して、柔らかくなっていれば完成である。

蒸したカボチャは、甘くておいしい。お腹がふくれるので、副菜にすれば2切れぐらいで十分。夏は根菜が少ないので、お腹に溜まる食材のカボチャは頼りになる。しかも栄養価が高い。β－カロテンやカリウムがたっぷり含まれ、ビタミンCやビタミンE、ビタミンK、ミネラルも含む。

そして、この蒸しカボチャは、冷蔵庫で保存することができる。冷たいカボチャは、まるでスイーツのように甘い。そのまま食べてもいいし、一工夫する元気があるときは、ひき肉とタマネギのあんをかけたりもした。めったにそういうときはなかったけど。

冬は、白菜蒸し。これは夫が思いついた料理だ。白菜をザクザク5センチ幅に切って蒸し器に入れ、味つけなしで3～5分程度蒸して完成。それを、醤油とお酢、ラー油を混ぜた小皿に入れながら食べると、まるでギョウザみたいな味になる。ギョウザは手間がかかる料理なので、この頃はとてもつくる気力がなかったが、白菜蒸しを食べていたらギョウザの気分で楽しめた。そうやって食べて気づいたが、白菜は見た目の割にお腹がふくれる。青菜よりずっとボリューム感があるのだ。そして体も温まる。真冬はキャベツより白菜がいい。

もっとかんたんにできるのが、長イモの短冊切り。10センチほどに切れば2

人で1回分。スーパーに売られているカットされた長イモで、2回分。八百屋で丸ごと買えば4、5回分。ちゃんとラップにくるんで冷蔵庫の野菜室に保存すれば、1週間か10日ほどもつ。切り口が変色したら、そこだけ切って捨てればいい。皮をむき、汚れた表面をちょっと洗って、4等分し、短冊に切る。器に盛って鰹節をまぶし、ポン酢をかけたら完成する。

トウモロコシも蒸すだけ。皮をむいてひげ根を取り、二つに切って、塩をすり込み、蒸し器で数分。黄色がツヤツヤと濃くなったら完成だ。このとき、気持ちに余裕があれば底に溜まったお湯をスープに使う。よい出汁が出ているので、おいしくなる。

これらの料理の助かるところは、どれもかんたんにつくれるうえ、お腹がふくれることだ。「恐るべき食い意地」でも書いたように、私は病気だろうが元気だろうが、いつだって毎日お腹を空かせている。しっかり食べないと満足できないので、お腹がふくれるかどうかは重要なポイントなのだ。特にこの頃は、肉や魚介をたっぷり摂るほど買えなかったし、品数もたくさんはできなかったので、お腹がふくれる食材は重要だった。

お腹はあまりふくれないが、副菜になる1食材料理もある。キュウリの端っこを切り落とし、塩もみして30分以上置いておく。それを斜め切りか輪切りにして、皿に盛るだけ。肉料理などに添えておくと、箸休めになるし、梅酢でもかけておけば、サラダ扱いにもできる。梅酢がなければポン酢でもOK。

トマトを切っただけ、というのもやる。私は子どもの頃からトマトが大好きで、これによけいなドレッシングはかけたくない。だから、トマトは本当に切っただけで済ませる。病気かどうかに関係なく、夏場のお気に入りだ。

もっと後になって思いついたが、今は味つけしたものが「サラダチキン」として人気の蒸し鶏もシンプルな料理だ。鶏のむね肉2枚に塩・コショウをすり込んで、中火で20~25分蒸す。それを薄くスライスしておき、3回ぐらいに分けて食べる。私は柚子コショウをつけて食べるぐらいだが、トマトソースなど好みのソースをかけるとおしゃれになる。

これは昼につくったら夜も食べるなど、できるだけ続けて食べるが、翌日にはもう脂が回っているので、ベビーリーフなどと交ぜてサラダにする、あるいは青菜と炒めるなどして、ほかの食材に紛れ込ませる。

蒸し器の底に溜まった肉汁は、味を調えればいかにも滋養があるスープになる。一番単純なのは、溶き卵を入れるだけ。タマネギのみじん切りやキャベツ、キノコを加えて増量してもいい。オクラやネギなど薬味を浮かべてもいい。後になってフォーに使うことも思いついた。

フォーを別に茹でておく。味を調え、残った蒸し鶏にパクチー、モヤシ、ニラをトッピングすれば、ベトナム料理のできあがり。レモンを添えれば完璧だ。

こうして見つけたミニマム料理の多くは、今でも活用している。そういえば、最近夫婦2人して、お腹の周りの肉をへらしたいと悩んでいるが、それはこの頃より食卓にのる品数が、ふえてしまったからかもしれない。

豆腐が皿に入らずパニックになる

私のうつは一進一退をくり返しつつ、ゆっくりゆっくり回復していった。それでも、朝目が覚めたときは人生に何もいいことがないような気分だし、冷え込んだ日は、朝ご飯を食べて食後の薬を飲むと、「今日は無理」、ともう一度布団に潜り込んでしまうこともあった。

はた目にはノロノロ動いているように見えるうつの人が、実は一生懸命体を動かし、フル回転で頭を働かせていることがある。だからすぐに疲れ果てる。そんなわけで、寝たきりの時期が過ぎても、1日の半分を寝て過ごす日は多かった。

歩く速度は遅く、何度も休憩《きゅうけい》しなければならなかったが、自転車に乗れば昔みたいに疾走できた。自慢じゃないが、私は自転車を漕《こ》ぐスピードが速い。重たいママチャリを、タイヤが細くて軽いシティサイクルに替えてから、スピードはさらに増していた。歩くのも速かった私は、のろのろとしか歩けなくなったことが歯がゆかったが、自転車ならほかの自転車を追い越してスイスイ走れるので、ちょっとだけ自尊心を取り戻せた。

ある程度活動できるようになると、お気に入りの池がある公園へ散歩するようになった。ベンチに座り、ジーッとアリの動きを目で追う。風にそよぐ木々を眺める。池のきらめきを観続ける。自然に囲まれればぼんやりできる公園は、気持ちがよかった。

冬になると、寒いし日が短いことがつらくなる。しかも、東京の冬は午後2時前ぐらいから、空が黄色みがかってくる。そういう光が夕方までない関西から来た私には、空が黄色くなると、夕暮れが早く来たように感じ焦る。だからますます、冬は気分の落ち込みが激しくなる。

絶望的な気分になっていた2月のある日、公園へ行った。木立の間の暗い小道から、ちょっとした広場に出るところで、光が射す向こうで梅が満開になっているのが見えた。うっとりするような花の香りも漂ってくる。フッと体がラクになり、生きていていいんだと思えた。

それから1カ月ぐらい経ち、また公園で桜の木立を前にぼんやりしていたときのこと。独特のグレーの枝と幹が、うっすらとピンクがかっていることに気がついた。もしかすると、桜はピンクの色を幹でつくって溜め、花まで送り込んで咲かせるのかもしれない。そんな風に思ったとき、桜からエネルギーを分けてもらった気がした。


そうやって自然に触れることで、私は気づかないうちに生きる力を取り戻しつつあった。しかし、回復がかえって事態を難しくする場合がある。料理はできるようになったものの、まだまだ困難が多かったあの頃のことを書こう。

ある初夏の日、料理は何とかできそうだが、やる気が起こらないから1皿を冷ややっこで済ませよう、と思いつく。少しでもおいしく食べたいと、ふだんは買わないちょっと値段が高めの楕円形のパッケージに入った豆腐を買ってみた。

ところが台所でパックを開け、皿に入れようとしたときに気がついた。このサイズでは、いつも冷ややっこをのせている皿に入りきらない。

途端にパニックになる。「お皿に豆腐が入らない！」。泣き叫ぶ私の声を聞きつけ、隣の部屋で仕事をしていた夫がやってくる。「どうしたんや」。パッケージを右手に、皿を左手に持ったまま、私はジタバタと暴れ、「これだと、入らへん。入らへんねん！」と泣きわめく。夫は私の肩を叩き、「大丈夫や。皿を替えたらいいだけやん」と言い、私の手から豆腐を取り、皿をテーブルに置いてから別の皿を食器棚から出し、移し替えてくれた。

振り返るとギャグみたいな展開だが、当時は必死だった。別の大きめの皿に入れればいいだけのことが、あの頃の私にはできなかった。いつもと違う豆腐を買うことができたのは、多少体調がよくなっていたからだが、そこまでで精いっぱいだった。

人間は、臨機応変に対応することが必要な場合も、変化を楽しむときもあるが、日常生活はルーチンに支えられている。毎日同じ順番に靴紐を結んだと言われるイチローでなくても、誰でも何かしら自分のルーチンを持っている。朝起きて、いつもと同じ皿とコップで朝ご飯を食べる。いつもと同じ道を通って職場に向かう。いつもと同じ筆記用具で書く。

考えなくてもできるルーチンが、大小の予想外の事態が起こりがちな仕事や学業の現場を、あるいは友人や家族との変幻自在な会話を、耐えられるものにしている。常に変化に対応することを求められるからこそ、変わらないいつもの行動、いつもの場所、いつもの道具が、自分を安心させ支えてくれるのだ。

毎日ふつうに暮らすことが冒険になってしまううつのとき、人は自分を守ってくれるルーチンを、きっと健康なときの何倍、何十倍も必要とする。

うつだから、人にあまり会えなくなる人がいる。それは、ふだん会わない人には知らないことがたくさんあり過ぎ、説明しなければならないこと、説明してもらわなければならないことが、多過ぎるからだ。どんな会話が生まれ、何を聞かれ、何を言われるか、予想がつかない事態に対応しなければならない。その対応力に不安があるから、知らない人に、親密でない人に、会いたくなくなるのだ。

新しい場所や行き慣れない場所に行くことや、慣れないものを食べることは、考える力を総動員して、未知の事態に反応する力を必要とする。好奇心旺盛な人が新しいものを好むのは、そのスリルが快感と思えるからだ。

うつの人は逆である。そうでなくても回らない頭を総動員して、まったく予想がつかない事態に対応するのは身に余る。できる限り、頭は使いたくない。使いたくても使う余力がない。だから、ルーチンができるだけ多いことが望ましい。安心できる、いつもの環境を切実に必要とする。

私の場合、家事の中でも掃除や洗いもの、洗濯だったらできたのは、少なくとも今までやってきたことであれば、今まで通りの作業として何も考えずにこなすことができたからだ。料理でも、シンプルなもの、今までもつくってきたものだったら、問題なくできる場合があるのは、あまり頭を使わなくても済むからだ。

私はそのとき、少しでも食卓を楽しくしておいしいものを食べたいと思う、欲望が出始めてきていたのだろう。だからいつもと違う形の豆腐を買った。だけど、いつもと違うサイズなら、いつもと違う皿を用意しなければならない。皿を別のものに替える、ということまで考えるのは、そのときの私の限界を超えていた。

食材選びに、少しだけ余裕ができたからこそ、陥ったパニック。回復期に体調がアップダウンをくり返すのは、こういう中途半端さの程度を自分で理解できていないからではないだろうか。

お好み焼きをつくるのはこんなに難しいことなのか

回復期は少しずつできることがふえて、うれしくもあるが、同時になかなかやっかいな時期といえる。病気で大変な時期は、案外回復期なのかもしれない。前より体が動き頭が働くこと、少し欲望が出てきたこと自体はうれしかった。お気に入りの公園へ散歩してリフレッシュすることもできるし、「これが食べたい」「これが欲しい」と思えるのは、すなおにうれしいことだ。最悪の頃は、1日の大半を寝て過ごし、したいことも欲しいものも思い浮かばなかった。

でも、回復してからも病状は一進一退だ。どす黒い気持ちに支配され、毒を吐くような発言をしてしまうことも多い。よくなったと思って動いたら、すぐに疲れてしまうこともある。困ったことにその疲労は、自覚するより早く態度に表れる。本人ですら気づいていないのだから、周りにはまったく体調の変化はわからない。顔色が悪くなるわけでも、倒れるわけでもないからだ。さっきまでふつうにしゃべっていたのが、急に思考が回らなくなる。頭の中で考えているゴチャゴチャを、言葉にして表現する回路とつながらなくなる。

夕食の支度をしようと野菜を切っている最中に、急に限界が来ることがあった。そんなとき、私は隣の部屋でパソコンに向かっている夫に頼む。「ごめん、もう料理できない」と言うと、何をつくるつもりだったのかを聞いて夫が続きをやってくれる。

そんな風にスムーズに助けてもらえるときは、まだいい。難しいのは、そんな風にできない場合のほうが多いことだ。

この頃、夫はよく「前みたいに黙って寝ていてくれたほうが、めんどくさくなくてよかった」とブツブツ言った。なぜなら私の体調がクルクルと変わるからだ。急に泣き出したり、動けなくなったり、暴言を吐いたりしてパニック状態の、何ともうざい人間になってしまう。私自身は、その変化をあまり自覚していなかった。急に動けなくなったぐらいは自覚できるが、毒を吐いていると は気づいていない。だから、そのまま大ゲンカに突入することもある。

私としては、パニックになったら、優しくなだめて座らせるか、場合によっては泣いている子どもをあやすように抱きしめて「大丈夫」と言って欲しい。しかし夫は、暴言に反応して怒り出す。怒られるとこっちも負けまいと、ますますキレる。ヘンになってしまっているのを止めて欲しいのに、優しくして欲しいのに、そんな虫のいい反応はしてくれない。

夫は反応が速く、曲がったことを許せないタイプである。だから、私の体調がおかしくなっていることに気づくより早く、おかしな発言に対して怒り出す。負けず嫌いの私がやり返すと、当然彼の怒りも大きくなる。

また、夫は何でもきちんと理解しようとする。それは人として尊敬できる側面ではあるが、言語の回路がちゃんとつながっていないときに「何でそんなことをするのか言え」「何でそんなことを言うのか説明しろ」と言われても、アワワとなっている私に説明できる言葉は浮かばない。モヤモヤとした考えを、言語化できなくなるのだ。まるで子どものように。小学生が、親から「何でそんなことをやったか言いなさい！」と叱られても、ちゃんと説明できないことがある。あるいは、大人たちが誤解して怒っているときに、「本当はこうだったんだ」と言うことができない。子どもには、的確に説明する能力がない場合もあるし、自分で行動を言語化できないところがあるからだ。それと同じ。うつには、退行を起こすところがある。

「そういうときは言葉が出てこないねん」と言えるようになったのは、それから1～2年後。その説明を夫が理解するのは、さらに何年も先だ。自覚がないままに暴言を吐き、自覚がないまま言葉が出てこなくなったあの頃、私たちは本当に激しいケンカをたくさんした。ご近所の人は、「なんて仲の悪い夫婦だろう」、と思っていたことだろう。

怒られている間に、私はだんだん体調が悪くなる。そして足に力が入らなくなって床に倒れ、泣きじゃくってついには過呼吸になる。夫は怒りが収まらないまま、それでも私を放っておけないので、布団を敷いて私を引きずっていき、白湯を持ってきて飲ませる。そんなことがくり返された。

あまり回復が感じられなくなっていたあの頃、夫を慕う年下の男性が遊びに来たことがある。私も夫と一緒に何度も会っていて親しく、私の病気のことも知っている人だ。

夫は客を招くのが好きな人だが、私が病気になってからはそれができず、彼は久しぶりの来客だった。せっかくなのでお好み焼きをしよう、と思いついた私。お好み焼きは関西人にとって、鍋料理と同じく、人が集まったときに楽しみたい料理だからだ。

しかし、それが実は当時の私にとって難しい料理だと気がついたのは、うまくひっくり返せずパニックになったときで、もう手遅れだった。

うつのときは、一度にいくつもの作業を並行して進めることができなくなる。もともと不器用でシングルタスク・タイプの私は、うつになってそれがますますひどくなり、多くのことを処理するときは、全部を考えないで、ゆっくりと一つ一つ順番に片づけることで、日常生活も仕事も切り抜けてきた。

お好み焼きは、悠長に構えてはいられず、瞬発力と集中力を要求する料理である。しかし、うつのときは集中力が下がる。料理ができなくなるのは、その集中力低下のせいでもある。その中でも、瞬間を見極めるお好み焼きの難しさを、私はわかっていなかった。

まず、小麦粉と卵、切ったキャベツなどを加える。わが家にホットプレートはないので、フライパンで1枚ずつ焼く。豚バラ肉の薄切りをのせ、具材を投入し、丸く形を整えるところまで、一気にやる。そこまでは何とか順番通り、がんばってできた。

難しかったのは、頃合いを見てひっくり返すところだ。焼け具合を見極めること。十分焼けて、しかし焦げつかないときを見計らうこと。そして崩さないでひっくり返すこと。どれも集中力が要求される作業だ。一気にひっくり返す作業には、瞬発力も必要になる。

ところが、フライパンへ順序よく材料を入れるだけでかなりパニックになっていた私は、材料をたくさん入れ過ぎ、大き過ぎるお好み焼きをひっくり返すときに、グチャーッとつぶしてしまった。しかもひっくり返したのが早過ぎて、中身は半生である。

もうお好み焼きの形をしていないそれを見て、たぶん夫と2人だったら泣きわめいていただろう。さすがに親しいとはいえ他人がいる中で、駄々っ子みたいに泣きわめくことは抑えた。それでも、半べそになりながら、「ごめん、失敗した」と言うしかない。

結局、夫が後を引き継いで人に出せるお好み焼きをこしらえてくれたが、お好み焼きがそんなに難しい料理だなんて思いもよらなかった。何ができて何ができないか。それすらも自覚できていなかったこの頃は、私自身はもちろん、一緒にいる夫にとっても一番大きな試練の時期だったのかもしれない。

第二章

うつと献立

「献立を考える」はなぜハードルが高いのか

台所を任されている人にとって最大の悩みは、献立づくりではないだろうか。環境にもよるが、それは毎日のことで何年も何十年も続くのである。誰も交代要員がいない、旅行もめったにしないとなれば、それは休日ゼロの過酷な労働となり得る。2020年のコロナ禍による緊急事態宣言下、朝昼晩と家族がそろって食事するため、レパートリーが足りずにテイクアウトや冷凍食品に頼った人も多いのではないか。

ふだん、献立のネタに困るとき、皆さんはどう対応しているだろうか。インターネットでレシピを検索する。ストックしてあるレシピ本をめくる。ヒマそうにしている子どもたちに「今日は何を食べたい?」と聞いてみる。スーパーへ行って店頭で決める。誰かとおしゃべりしながら相談する。勤めている人なら、同僚に聞くこともあるだろう。

献立づくりは、食べたいものを考えればいいだけでないところに、難しさの要因がある。何しろ、生活というのは昨日もあって明日も続く。つまり、まっさらな状態で、後先考えずに決められるわけではないから難しいのだ。

まず台所に残っている食材、という「しがらみ」が料理人の足を引っ張る。使いかけの大根、キャベツ、ニンジン、肉といった食材を、傷まないうちに使ってしまわなければならない。

また、「今日は魚を焼こう」と思ってスーパーへ行ったら、ピンとくる魚がない日もある。いつも置いてあるキャベツが、やけに高い時期もある。使いたかったパクチーが置いていないときもある。こちらも店頭にあり、予算に収まる範囲で買える食材を選ぶことになる。欲しい食材がないと、献立を立て直す必要に迫られてしまい、店内でウロウロしながら悩む場合もある。

その日の天候も、考慮が必要な要素だ。急に寒くなった日は、鍋ものや汁ものなど、体が温まる料理にしたくなる。急に暑くなったら、サラダや冷ややっこなどがいいかもしれない。あまりに天候の条件が悪くて買いものに出かけるのがイヤになり、ありあわせの材料を工夫しようと判断する日もある。

自分や家族の体調も、献立を決める重要な要因である。体調を崩している人がいるとき、ストレスが溜まってやる気がないとき、逆にストレスフルだからこそおいしいものを食べて奮起したいとき、落ち込んでいる人がいるとき。食事に制限がある幼児や高齢者、病人がいる家庭では、その人に合わせた配慮も必要である。

うつ回復期の私は、どうしていただろうか。このように複合的な要因を考慮しなければならない献立づくりは、とても大変なことだった。何しろ欲望が少ないのである。好奇心もあまりないし、刺激を得る機会も限られている。

これを書いている今はかなり状態がよく、好奇心も旺盛だ。経験を積んだこともあり、献立に悩むことがほとんどない。比較するとあの頃の大変さがよく見えると思うので、しばらく最近のことを書いてみたい。

コロナ禍で少し事情が変わったが、近年は食の仕事を中心にしていることもあり、料理に関心が高い仲間がたくさんいる。彼女たちと会話していて、食べたいものが浮かぶことがある。外食の機会も多いので、おいしかった料理を思い出しながら似せてつくってみることもある。食がテーマのテレビ番組もたくさん録画しているので、それも結果的に大量のヒントのストックになっている。そして経験を積んで肩の力が抜けたのか、ふだんは定番のかんたんな料理でいいと思っていることが、悩まない最大の要因だ。夫があまり料理にうるさくなく、「何でも食べるよ」と言ってくれることも助かっている。

味噌汁と魚と菜っ葉の炒めものの献立、野菜いろいろの煮込みやスープと肉と菜っ葉の炒めもので済ませる献立、といった似たパターンが多い。そして、汁ものは翌日にも残す。

一方、イギリスの料理番組で観たから、と肉の塊をオーブンで焼いてみる日もある。おいしい在来種のゴボウが手に入ったから、素揚げしていい塩を振りたくなる日もある。

　定番にときどき楽しい料理が加わる今と比べ、あの頃は食の分野を専門にし始めたばかりで、経験が少なかった。テレビ番組もストックしていない。食の分野の仲間もいなかった。お金がなかったから、珍しい食材を買うこともない。そもそも、そういう食材を売っている場所を知らず興味もなかった。

　しかもあの頃は、料理はできるだけ多くの種類の食材を使い、できるだけ毎日違うものを食卓にのせるべきだ、という先入観に囚われていた。ところが現実は、何をつくったらいいのか、何を食べたいのかすら、思い浮かばない。そして「正しい」ことができないから苦しい。

　ダメダメ尽くしで発想など浮かぶわけがない。あの頃一番よくなかったのは、仕事がないことと重なって、ただでさえへっている欲望を抑え込むのに必死だったことだ。それは、「がまんしなさい」としつけられて育ったことも影響している。今でもそういう面は残っているが、うつのせいでネガティブになりやすかったあの頃の私は、特に自罰的だった。うつはもともと欲望が少なくなる病気なのだが、しんどい時期が長く続いたのは、「がまんしなきゃ」、と自分をギューッと抑え込んでしまったためかもしれない。

欲望は過ぎると身を滅ぼす要因となるが、そうでない場合は生きる原動力になる。人間を動かすのは、義務より欲望である。「あれをしなければいけない」より「あれがしたい」のほうが、実行への大きな力となる。でも、お金がかかる欲望を極力抑えていた私は、より安い食材だけを求めていた。買いたいものより、買えるものを選ぶ。そうなると使える食材も限られ、ますます思いつく料理が少なくなる。

インターネットで料理を検索するのも面倒だし、レシピ本はほとんど持っていないし、ひたすら店頭と自分の頭の中だけを探る。情報の種類も量も限られている中で、何を食べたいか思い浮かべないでつくれる料理なんて、本当に少ない。そりゃ、献立に悩むわけだ。何も思い浮かべないで困ってばかりだった私が、ではどうやってあの時期を切り抜けたのか。それは次節の話題にする。

ワンパターン献立に救われる

うつで一時期、寝たきりに近い生活だった私は、1年弱ぐらい経つと日常的に料理をつくれるようになった。自転車でなら出かけられるが、気力はあまり湧かない。夫に「そのままだったら、あかんようになるぞ」と言われ、仕事を少しずつふやし始めた頃。夫にハッパをかけられて昔勤めていた会社に営業へ行き、フリーになり立ての頃に世話になった同期の男性を通じてまた仕事をもらい、社会生活に復帰し始めていた。

あの頃、あまり口を閉じて寝られなくなっていたため、口の周りが荒れ、ひんぱんに虫歯になった。友人づき合いもほとんどなかった時期で、外出する予定といえば歯医者に行くことくらい。その頃の私は、毎日の献立づくりに苦しんでいた。

何をつくったらいいか、わからない。何を食べたいのかもわからない。八百屋へ行っても、魚屋へ行っても、肉屋へ行っても、毎日同じようなものしか並んでいないように見えるし、その中でもつい、買い慣れたものばかり買ってしまう。

同じものしか買わないのだから、つくるもののパターンも知れている。一番多かったのが、一人暮らし時代から定番の献立。ご飯に味噌汁、焼き魚に、ヒジキ煮か切り干し大根の煮ものだ。そういう一見模範的に見える和食献立を一人暮らしをしながら続けたのは、当時仕事をしていた健康雑誌の「魚食ダイエット」の特集で、アトピー性皮膚炎の人は魚中心の和食がいい、という情報も掲載されていたからだ。あるいは、特集を担当した編集の人から聞いたのだったか。

私は4歳からアトピーに悩んできた。大人になってマシになったものの、皮膚科通いと毎日の薬塗りから解放されたことがない。よくなるものなら、と和食ばかりの献立にすることに決めたのだ。

それに、毎日ワンパターンにしておけば、献立に悩まなくて済む。一人暮らしを始めたときに村上昭子さんの和食のレシピ本を買い、ほとんどイチから和食を学んだことも大きかった。覚え立てだからやってみたかったのだ。ヒジキ煮も切り干し大根の煮ものも、その本で知ったやり方がベースになっている。

魚の煮つけは、村上昭子流で酒と醬油だけで味つけしていたら、実家でカレイの煮つけを食べると「甘い！」、と思うようになってしまった。母は砂糖かみりんを加えているらしい。どちらを使っているか知りたかったが、きっと10倍ぐらいの小言つきの解説が返ってくるので、聞けなかった。

私が暮らしていた大阪の町では、魚屋の店頭に並ぶ魚の種類が驚くほど豊富で、毎日同じような献立でもそれなりに変化を楽しめた。実家は郊外にあって、母は近所の量販店で買いものをしており、「魚がない」とよくグチをこぼしていた。カレイの煮つけかフライ、ブリの照り焼き、イワシの煮つけ、サバの塩焼き、太刀魚の塩焼きが定番で、ブリの照り焼きはヘビーローテーションだった。しかし、大阪に住むと、知らなかったたくさんの魚と出合う。

大阪で一番気に入っていて今でも覚えているのは、香り高いスズキ。塩焼きが私の定番だったけど、洋食にも合うので、野菜と一緒にホイル焼きにすることもあった。ブリのアラもよく売っていたので、レシピ本で知ったブリ大根もよくつくった。

大阪のその「理想的な」和食には落とし穴があって、それは油脂が少ないことだった。肉をあまり食べないのも、よくなかったらしい。

アトピーの症状に変化はないのに、気がつけば私は体力が低下し、洋菓子を食べられなくなっていた。なぜだろう。ケーキもクッキーも大好きだったはずなのに、何だか体が受けつけないのだ。喫茶店に行けば、友人がおいしそうに食べるのを、うらめしそうに眺める。おいしいことは覚えているのに、食べたい気が起こらない。自分だけ抜け駆けで、ダイエットしているかのように受け取られることもあって、女同士の社交には不便な体質になってしまったと感じていた。

友人が「御影の〈ダニエル〉のだから」、と人気店の大きなモンブランを手土産でくれたことがあった。家に残されたそのケーキを、「おいしいって知ってる」と思いながら、まったくおいしく感じないまま口へ押し込んで片づけたことがあった。悲しい。子どもの頃から特別感を持って味わってきたケーキを、おいしく思えないなんて。

一人暮らしを4年半で卒業し、東京で夫と暮らすようになってからは、料理をつくるのも食べるのも2人にふえ、献立にバリエーションができた。肉野菜炒めなども食べる生活を2～3年続けるうちに、再びケーキやクッキーが食べられるようになった。おいしいと思っているものを、ちゃんとおいしいと感じられる。幸せスイッチが入る。ヘルシーそうな献立でも、ワンパターンは体によくないと改めて学んだ。

しかし、ワンパターンは困ったときのお助けサイクルでもある。東京に来て6年でうつを発症し、7年目に回復し始めていた私は、献立に困ってまた、あの頃のワンパターン献立を組み入れることにした。4年半、毎日のようにつくっていたのだ。体が料理の仕方を覚えている。

ヒジキ煮は、ヒジキと干しシイタケを、それぞれボウルに入れて30分ほど戻しておく。ニンジンを1センチ幅、5センチ長さ程度に切りそろえ、戻したシイタケを絞って石づきを取り、薄切りにする。薄揚げも縦に2等分してから細切りにする。ヒジキはザルにあけて水気を切る。

ふたで密閉できる厚手の片手鍋を、火にかける。ゴマ油を引いて、ヒジキを入れて軽く炒める。ニンジンとシイタケを加えてまた炒め、シイタケの戻し汁、濃口醤油、みりんを投入。薄揚げを加えて軽く混ぜ、ふたをして弱火にしたまま、20分程度放置しておく。

その合間に、イリコを浮かべておいた鍋を火にかける。沸騰したらイリコを取り出し、キャベツのざく切り、ヒジキ煮のときについでに切っておいたもう1枚の薄揚げ、シメジを入れてふたをして弱火にする。火が通ったら、ワカメを加えて味噌を溶き入れ火を止める。

その間に、魚焼きグリルで、塩を振っておいた魚を焼く。これで料理終了。

味噌汁は鍋いっぱいにつくっておいたから、あと2回温め直して食べられる。ヒジキ煮はプラスチック容器に入れておけば、4、5回は食べられる。どの料理も、4年半つくり続けて、何も考えなくても体が動いてすぐにつくれる。三つの料理を組み合わせた作業をずっと続けてきたから、複数の作業を並行して進めても、段取りでパニックになることがない。

面倒でも料理の経験は積んでおくことが大事、と学んだのはあの頃の苦しい体験からだ。和定食はつくれた一方、ほかのものはそれほど手際よくつくれないし、レシピのバリエーションもないから悩んだし、上手につくれなくて悲しかったからだ。

肉野菜炒めをつくる、煮ものをつくるなど、ほかのパターンも入れてバランスに気をつけながら、アイデアがないときは魚屋へ行ってこのワンパターンをくり返す。干しシイタケとヒジキ、切り干し大根はキッチンの引き出しに常備しておけば大丈夫。あの頃住んでいた町にも、大阪ほど種類が豊富ではないにせよ、安い魚屋があって本当に助かった。

しんどいときは一汁献立に頼ってきた

寝込んでいた時期を過ぎ、料理ができるようになり始めた頃のこと。何をつくったらいいか、あまりアイデアが浮かばないので、一汁二菜の和食のワンパターンにしていた私が、もう一つ頼った料理が、具だくさんの汁もの1品だけの一汁献立だった。

その後7、8年経った2016年に出たのが、土井善晴氏の『一汁一菜でよいという提案』である。具だくさん味噌汁と漬けものという献立の提案で、家事の省力化を求めるムーブメントにのり、20万部近い大ヒットとなった。そのとき私は、「そんなに世の中の人たちは、おかずを何品もつけなければいけないと思っているのか」と驚いた。

私なんて一菜すらつけていなかったのに。私の周りのアラフィフ世代も驚いていた。もしかすると、ベテラン世代は人生の艱難《かんなん》をくぐり抜けるうちに「手抜き」という知恵を身につけるが、若いうちは、「正しい献立」に縛られがちなのかもしれない。私はもともとからいい加減なのか、病気になる前も、そして回復した後も、困ったときや面倒なとき、一汁献立に頼っている。

よくつくったのは、具だくさんの味噌汁だ。冬場は豚汁か粕汁。キャベツやニンジン、サツマイモ、シメジ、ゴボウのささがきなどと豚小間肉。安い材料ばかりを投入する。

いつも買いものに行く商店街のそばに、こだわりの地酒を置く酒屋があった。冬になると銘柄酒の酒粕をどーんと塊で500円、という大安売りをする。そこで年末に1袋買って3分の2を粕汁好きの義父母へ送り、私も東京で粕汁にする。粕汁は関西人にとって、冬の風物詩なのだ。

ニンジン、大根、ゴボウ、鮭のアラ、サトイモ、油揚げ、シメジ、コンニャクなどを入れる。野菜が煮えたら、酒粕と味噌を溶き入れる。鮭のアラの替わりに豚小間肉を入れる場合もある。味噌でなく、酒粕に酒と醬油を加えて味つけすることもある。このタンパク源と味つけのバリエーションで、違う粕汁を2、3回つくる。

考えてみれば、この料理は手間がかかる。何しろ、何種類もの具材を細かく切る。ゴボウはささがきにして、あく抜きもしなければならない。

酒粕を溶き入れるのも手間だ。何しろ固まってしまった酒粕は、なかなか汁に溶けていかない。それなのに、粕汁は何度もつくった。

洋風の汁ものにすることもある。具だくさんスープで、春秋はミネストローネ。冬は、トマト缶入りの鶏のシチュー風、クリームシチュー。シチューには、タマネギ、ジャガイモ、ニンジン、シメジを入れる。使ったことがないシチューのルウは使わない。クリームシチューは、バターで鶏肉とタマネギを炒め、ほかの野菜を投入してから小麦粉を加え、全体にまぶしたら、少しずつ牛乳を加えながらよく混ぜる。

そういえば、冬に煮もの1品献立もよくやった。ニンジン、サトイモ、レンコン、大根、シイタケ、鶏肉または豚肉。生のサトイモを買うのは、夫が「冷凍サトイモは味がない」、と嫌うからだ。昔、先に茹でてから皮をむくと手がかゆくならない、と聞いたので、まず水を張った鍋に入れて沸騰させて火を止め、お湯を捨ててしばらく置いてから皮をむく。ひと煮立ちさせると、つるんと皮がむきやすくなるものの、ごつごつして形が悪いし、ぬめりもあって手が滑るし、めんどくさい。

めんどくさいなと思いつつ、同じ料理しか思いつかないので、結局八百屋で煮ものの材料を買う。あんまりヘビロテするので、3月頃には、サトイモの顔を見るのもイヤ、という状態に陥っている。それでも、まだ新しい顔ぶれの野菜が店頭に少ないので、また買ってきて、すっかり飽きた煮ものを食べる。

あんまりヘビロテしたので、そういえば、最近は年に2、3回しか使わなくなったサトイモの皮むきをすると、「あらもうできた」と自分で驚く。すっかり手早くなっているのだ。

あの頃、とにかく献立を考えるのが大変で、アイデアがないので、少ないレパートリーで回していた。しかし、10年ぐらい経って生活もずいぶん変わった今、列挙してみると、素材の種類も多いし、下処理に手間がかかるものも多いし、めんどくさい料理ばかりではないかと気がつく。

なぜ、1品だけとはいえ、しんどいのにめんどくさい料理を一生懸命つくっていたのか。まずは、ヒマだったから。ご飯が炊けるのに1時間ぐらいかかることもあって、料理にかける時間は1時間ぐらい、と思っていた。特に手間がかかるものをつくるときは、1時間半ぐらいはみておく。今はふだんなら、炊飯器をセットした後、一仕事だけ、とパソコンに再び向かい、料理は20〜30分で済ませることも多い。

もう一つの理由は、高校時代にときどき台所を任されていたことだ。あの頃、母親がパートに出るようになって、週に2、3回、頼まれて料理することがあった。

レパートリーがほとんどなかった私は、「コンソメスープ」と呼んでいた、ニンジン・ジャガイモ・タマネギのスープをよくつくった。父のリクエストで、ベーコンを浮かべることもあった。台所に常備されている野菜を使うこの料理が全部細かく切るものだったので、そういう数種類の具材を使うスープを当たり前だと思っていた。

たぶん要領も悪く、メインの肉とつけ合わせ、スープをつくるだけで1時間たっぷりかかっていた。だから、夕食の準備は1時間かかるものだと思い込んでいたし、そのぐらい時間をかけることで「ちゃんと料理している」という気分を味わっていたのだ。

子どもの頃や若い頃の体験はなかなか強烈で、好き嫌い、得意不得意に対する思い込みの多くが、人生経験がほとんどない頃に刷り込まれたままになりがちだ。最初に食べたときにおいしくないと思った、まずかった食べものを、あるとき人にすすめられて食べたらおいしかったとか、ずっと苦手だと思っていたことを、大人になって必要に迫られてやってみたら案外ちゃんとできたとか、そういう体験はないだろうか。

私はけっこうたくさんある。ミョウガとか山椒とか、子どもの頃は香りが苦手だったのに、大人になって、人にすすめられて食べてみたら案外おいしく、今やすっかり好きなものの仲間入りをしている。苦手だと思っていた数字も、必ずしも苦手ではないし、英語も読めないと思っていても、海外旅行先では数日のうちに英文が読めるようになったりする。めんどくさいから苦手だと思っていても、必要に迫られればできるようになる。料理も同じだ。

私はあの頃、もしかすると「ちゃんとしている」感を抱きたくて、手間がかかる料理をしていたのかもしれない。料理をしている自分を、料理ができるようになった自分を認めたかったのだ。そして、当時の私にとっては、サトイモの皮むきをやめて別の料理を考えることのほうが、ルーチンになっていたサトイモの皮をむくことより、大変だったのである。

鍋を食べ終えるために床に寝転ぶ

うつが少し回復して、料理ができるようになった頃。仕事も入るようになり、節約すれば何とか生活も回るようになった。しかし、住んでいた部屋が、夏暑く冬寒い、という困った環境だったこともあって、冷えやすくなっていた私に冬の寒さはかなりつらかった。睡眠導入剤は飲んでいるが、羽根布団に毛布を掛けても脚が冷たくて眠れないため、一晩中寝室で電気ストーブをつけておく。そして朝目が覚めると、1日がこれから「始まる」ことがつらい。

今でもその傾向があるが、うつになると、何かが始まる、何かがまだ始まっていないことに対する不安が、とても大きくなる。死にたい気分のときもあり、毎日午前中はずっとつらかった。自分を励ましながら布団からはい出し、ご飯を食べて体を動かしている間にマシになり、パソコンに向かって仕事するとイヤな気分から自由になっていく。しかし、くじけて、朝ご飯の後にもう一度布団を敷き、寝直してしまう日もある。

身体と気分が軽くなるのは、午後3時以降。だんだん元気になって、夜食事が終わって夫とテレビを観ている時間が一番楽しい。冗談を言い合って笑い転げているのも夜。そして再び朝が来ると、また人生が終わったような気分に戻っている。

そんなあの頃。冬場、献立に悩んでいると、夫が「鍋でいいよ。かんたんやろ」と言ってくれる。確かに鍋なら、用意するものは決まっていて、材料を切るだけで準備ができる。わが家の鍋料理は、ポン酢をつけながら食べる水炊きか、醤油・みりん・酒で味つけする寄せ鍋か、湯豆腐。たまーにキムチ鍋もした。商店街にコリアン系のおばちゃんがやっている店があって、そこのキムチがすごくおいしいのだ。ただし1袋500円するので、当時の私にはそれが思い切った消費で、たまにしか買う勇気は出なかった。使う食材はワンパターンで、白菜、長ネギ、豆腐、白滝か糸コンニャク、春菊かたまにセリ。シイタケ。鶏肉かタラ。

親元に住んでいた頃は、タラは切り身しか売っていなくて、郊外で魚事情があまりよくなかったこともあり、だいたい鮮度が悪くておいしいとはとても言えなかった。だから今でも切り身はあまり買う気になれないのだが、当時通った商店街の魚屋には、冬になるとたまに丸ごとのスケソウダラがぶつ切りで売られていた。見るからに鮮度がよさそうなそれを買ってきて鍋にすると、本当においしくて、さっぱりしていて、お腹がいっぱいになるし、ご飯がいらない。これは主食になるタラだ。東日本の人はこんなおいしいものをずっと食べてきたのか、と感動した。

鍋は、大人になってから楽しいと思えるようになった食事だ。10代の頃、冬になると母がかなりひんぱんに水炊きにしたが、イヤだったのはその汁を翌日まで残し、翌日の昼ご飯を雑炊にすること。水分を含み過ぎてふやけたご飯は、鍋の中身が古くなったニオイがして、嫌いな料理の筆頭だった。柔らかくなったご飯をおいしいと思うようになったのは、19歳で中国旅行をし、初めてお粥を食べてから。雑炊をおいしいと思うようになったのは、大学生のときに入った社会人のテニスサークルで、みんなで鍋を囲むようになってからだ。

テニスサークルの仲間は、おいしいもの好きが多かった。4、5テーブルに分かれて鍋をつつくのだが、各テーブルに鍋奉行がいて、お任せしていればいいタイミングで食べられる。特に楽しかったのが、11月初めに行く丹波篠山での牡丹鍋だ。

午前中は紅葉の城跡見学を楽しんで、お昼に牡丹鍋の店に入る。最後の締めは、うどんと雑炊のテーブルに分かれ、自分の皿を持って移動し、両方楽しむ。はち切れそうなお腹を抱え、貸し切りの2階座敷でゴロゴロ寝転ぶ。小春日和のポカポカの陽射しを浴びながらまどろむ、至福の時間だ。

それから十数年経って私はうつで、夫と二人暮らしだった。2人とも50代になった今と比べれば、まだ食欲はあって、鍋に追加で野菜や肉を入れて食べ、かなり満腹になった後に、さらに締めにうどんか雑炊をすることもできた。鍋を仲間と食べると、その間にたっぷりおしゃべりができて宴会が盛り上がるのでいいが、夫婦だけだとそこまでの盛り上がりはない。でも退屈はしないし、体が温まって快適ではある。それにぐつぐつ煮えている鍋から、直接とり分けて食べるのはおいしい。しかし、この頃はまだ病状も悪かった。そうするとどうなるか。

1時間ほどかけて食べる間、椅子に座り続ける体力が私にはない。2回目の食材を投入すると、台所の床に倒れ込んでしばらく寝転がっている。そういえばこの頃、たまに飲み会に参加することがあったが、そのときはどうしていたのだろう。

思い返すと、あまり遅い時間まではつき合いきれなくて、午後11時までに家に帰るようにしていた。解散が遅くなり、その時間帯にまだ電車に乗っていると、体がこわばって倒れそうになる。それでも、外で人に会いお酒を飲むとテンションが上がるので、2~3時間なら楽しく過ごせた。それが、リラックスして家で夫と2人だけで鍋をしているときは、すぐに座っている力がなくなってしまう。

冷たい床にしばらく寝ているうちに、少しずつ回復していく。夫が「そろそろ煮えたで」と呼ぶ。そうすると、おもむろに起き上がって椅子にもう一度座り、ふたを開けて煮えた料理を食べ始める。家が狭くてソファもなく、寝転がるといえば畳の寝室か床しかなかった。寝室まで行くのは面倒なので、床で寝転がる。

二度目の料理も空になると、今度は雑炊かうどん。うどんは私たちにとっておいしいと思えるものが冷凍うどんぐらいしかないのだが、買い置きしておくのを忘れがちなので、あまり食べられない。だから、たいていは雑炊。その仕切りは夫に任せてまた床に寝転がる。できあがる。食べる。

夫は卵雑炊にするのが上手で、ご飯を入れた後に卵を回しかけて再びふたをし、しばらく置いてから開ける。声をかけられ、再び椅子に座る。海苔をもみながら加える。レンゲですくいながら食べる。柔らかくてまろやかで、具材の味がしみ込んでいておいしい。

倒れてばかりなのに、私たちは冬にときどき鍋をした。あの頃の気持ちはどうだったのか、夫に聞いてみたら「また倒れてるわと思ってた」とだけ。そうなのだ、もうすっかり私たちにとって私の病気は日常で、いちいちお互いに落ち込んだり心配したりしていなかった。夫のその淡泊な反応は、薄情に思えることもあったが、彼は「俺まで感情の波に巻き込まれたら、生活が成り立たない。つぶれる」といつも言っていた。それは、病気と折り合いをつけながら家族を続けるうえで、また彼が病人の私を支えるために、良好な方法だったと今では思う。

なぜキッチンがやる気を奪うのか

「生活史研究家」という仕事柄、本はたくさん持っている。専門領域は主に現代史で食が中心だが、昔のことも外国のことも知っておいたほうがいいし、政治や経済、文学など関係する分野は幅広い。何しろ、食は人間の活動の根本にある。誰だって食べるのだから。

うつが悪かった10年ぐらい前はまだお金が回っていなくて、図書館で借りる本も多かったけれど、それでも蔵書はふえる。夫も資料をたくさん使う仕事をフリーでしているので、私たちの仕事部屋の壁は一面本棚で、ダイニングキッチンにも本棚があった。

というわけで、私たちはお金があろうがなかろうが狭い部屋には住めない。

本棚を置くために、二人暮らしなのに4人家族並みの広さが必要で、でもあまり郊外に住むと仕事に不便で……というわけで新築物件には縁がない。すると、何かしら難がある台所を持つことになる。

最初に住んだマンションは、取り換えたばかりの小さなシステムキッチンでそこそこ使い勝手がよかった。でも、仕事部屋は西向きで夏はエアコンが効かなくなるし、その部屋が面している道路が幹線道路への抜け道で交通量が次第にふえ、うるさいので夜眠れなくなった。あの環境もうつへのステップだったように思う。それで静かな、陽あたりがよすぎない部屋へ引っ越して翌年、病院通いが始まった。

二つ目のその部屋は、広めの2DKでダイニングテーブルの後ろに低いキッチンがある。大きなファンの下に、2口コンロ、右側に調理台があって、シンクへと続き、シンクの奥からキッチンセット右側の冷蔵庫置き場の後ろまで、幅1メートルぐらいの棚が伸びている。この棚が、便利なようで不便だった。なぜなら、手を伸ばしてやっと壁につく奥行きが深過ぎて、置いたものがすぐ

「死蔵品」になるからだ。でも、キッチンはモノが多くなりがちなので、つい何かしら置いてしまう。鍋類のほか、ふだん使わないものを置いていたように思う。でもそうすると、掃除が面倒になるので不潔になる。

キッチンセットの高さが低いことも、使い勝手が悪い原因だった。私は身長が１６２センチと高めで、夫が１７２センチ。でも、あの調理台の高さはたぶん、１５０センチ半ばの女性の平均身長を前提にデザインされていたと思う。かがみ気味で作業しなければならないので、長い時間使っていると腰が疲れる。夫はもっと疲れたようだ。だからあまり作業していたくなかった。

換気扇が低い位置にあるのも困っていて、私はよく鍋の中を覗き込もうとして角に頭をぶつけ、イライラした。頭をかがめてソーッと覗き込まないといけないのだ。

調理台のスペースも狭い。そもそも一人暮らしを始めた26歳のときから4半世紀、十分な広さのある調理台に巡り合えたことがない。賃貸マンションなので食器洗い乾燥機は置けず、水切り籠を置くと、調理台にはまな板をのせたらいっぱいになってしまう。切る前の食材や切った食材は、どこへ置いたらいいのだ。私はまな板の上に切ったものをよく溜めた。ニンジン、ジャガイモ、順に切って端っこへ寄せる。菜っ葉、シイタケ、切って寄せる。で、いっぱいになるとコロコロ転がって落ちる。ときには床へ。いやしょっちゅう床へ。

今のキッチンも調理台が狭い。今まで調理台の狭さのために食器を割ったり、調味料をぶちまけなかったのが奇跡のようだ。すっかりその不便さに慣れたということか。

ボウルに食材を溜めるときは、ダイニングテーブルが一時置き場になる。ダイニングから丸見えのキッチンも、テーブルをアイランドキッチンの調理台のごとく使えることについては、ある意味で便利だった。料理が入った鍋を置くこともあった。盛りつけもテーブルでやった。夫はよくテーブルに座ってまな板を置き、野菜の皮をむいたり切ったりしていた。

それから、その部屋は冷暖房をしていても、夏暑く冬寒い傾向にあったので、冷え性の私は冬がつらかった。長い時間キッチンに立っていると疲れてくるのだ。不便さにストレスを抱えながら料理し、冷えてくると頭が回らなくなってくる。「豆腐が皿に入らずパニックになる」で書いたように料理している間に急に体調が悪くなって泣きわめき、夫に続きをやってもらうことが何度もあった。もしかすると環境が悪くてストレスがかかり過ぎ、料理ができなくなってしまったのかもしれない。

家具屋などを回ると、世の中の家具の多くは広い空間を持てる都会のお金持ちと、土地代が安い町村に住む人たちが使うことを前提にしたものが多過ぎないだろうか、と感じる。特に収納関係はメジャーで部屋を測って狭過ぎるから無理、とあきらめることが多く、通販に頼るしかなかった。

しかし、たとえば東京に日本の人口の約1割が住んでいることを考えてみて欲しい。東京の全部の住環境が悪いわけではないが、大都市圏では、狭くて不便な物件に住んでいる人も多いはず。その中には、不便なキッチンを持つ人たちがいる。

4半世紀前、大阪で一人暮らしを始めるときに部屋を見て回ったら、ＩＨコンロが1口だけで調理台が狭いキッチンばかりだった。コンロは2口ないと不便で料理しなくなる、と思ってガステーブルを置けるキッチンがある部屋を選んだ。でも実際は、1口コンロの部屋に住んでいる人がたくさんいただろうし、それは東京でも同じはずだ。格安物件なら、古い木造で冬に寒い部屋もたくさんあるだろう。何度かの引っ越しで見て回った中には、キッチンに西日がさんさんと射し込む部屋もあった。

使いづらいキッチンだらけの都会で、「若者ができあいのものばかり食べている」「主婦が料理しなくなった」と言うのは、もしかすると酷な場合があるかもしれない。萎える気持ちと闘った人は、病気を抱える私だけではないだろう。そうしたたくさんの都会の部屋の中で、私みたいに、いや私より悪い体調で、料理ができない自分を情けなく思っている人もいるのではないか。腰痛を抱えて低い調理台に苦しむ人もいるのではないか。そういう環境のストレスから、料理をしない人たちもいるはずだ。

キッチンが狭い、使い勝手が悪い、寒い、暑い、うるさい、明る過ぎる、暗過ぎる。問題だらけの部屋で、それでもご飯は食べないといけない。調理台、鍋置き場、調味料置き場、お玉などの調理道具置き場。いつも悩む。洗いやすさも重要だ。最近はお手入れ必要なしの換気扇がテレビで宣伝されているけれど、それもお金があって広いキッチンを買える人だけのもの。

ストレスフルなキッチンで、それでも回復してきたからと料理をしてきた私、腰に負担を感じつつ交代で料理してきた夫、偉いよなーと今は思う。そして、いろいろな不便を感じながら、ままならない体調を抱えながら、それでも何とか料理しているたくさんの人たち、みんな偉い。

第三章

うつと女性

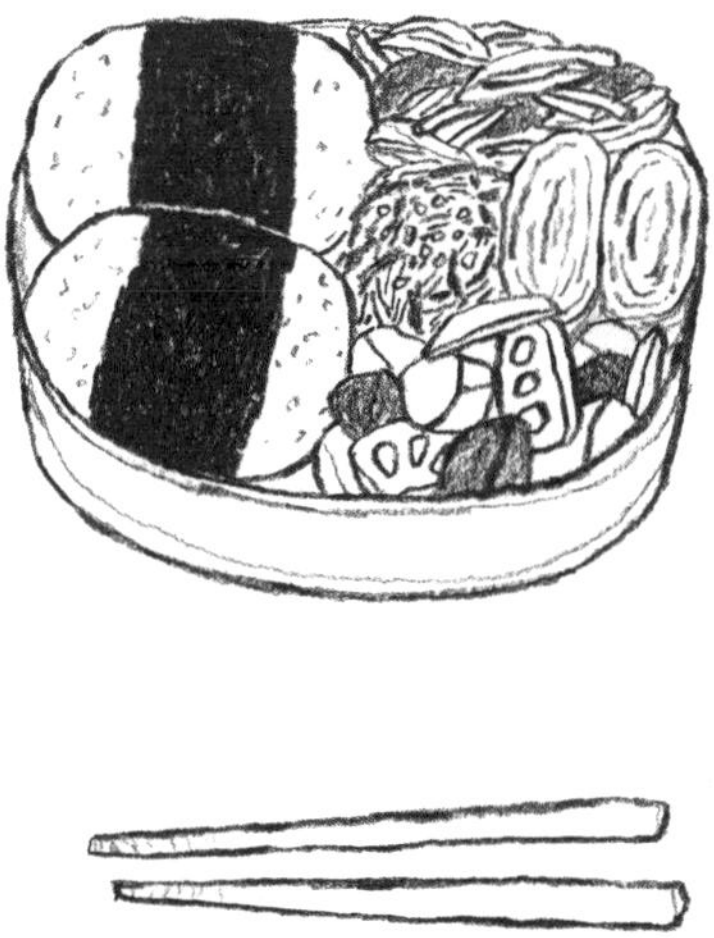

生まれて初めて「生きててよかった!」と思った日

私が母にうつを告白したのは、病院通いを始めて2年ほど後だった。話さないほうがいい、という夫婦の了解を破ってしまったのは、仕事の展望も見えない中、不安感に支配されてしまったからだった。

うつの不安感はかなり強烈だ。不安の波が押し寄せると、1人でいることが耐えがたくなってしまう。最初の数年、私は日中に耐えられなくなって、学生時代からの友人に電話をし、おしゃべりにつき合ってもらうことがよくあった。夫に飲み会をキャンセルしてもらって、そばにいてもらったことや、寝室に独りでいられず、夜も原稿を書く夫の横で寝転がっていた時期もある。

そんなあの頃、ふだんは在宅で仕事する夫に出かける仕事がふえた。ある日たまらなくなって、関西に住む母親に頼ろうとしたのが失敗だった。

そもそも、私たちが母に言わないほうがいい、と判断したのは、彼女にその事実を受け入れる心の余裕はないとわかっていたからだ。母は昔から、私が体調を崩すと責める傾向があった。風邪で優しくされたことなどないし、調子が悪く寝込んでいると、「遊んでばっかりいるからや！」と叱られた。小学校4年生の年末、膀胱炎《ぼうこう》になったときは「何でこんなときに病気になるの！　おしっこをがまんするからいけないんでしょ！」とキレられた。

そんな母でも、深刻な病気だったら受け入れてくれるのではないかと思ったのは、私が母性愛幻想を抱いていたからだと今では思う。しかし、母はやはりそんな人ではなかった。電話で病気を告白した日こそ、「よく話してくれたね」と余裕を見せたが、何か人生ドラマの一つとして消費されてしまった違和感が残る。夫に報告すると「やっちゃったか。後でどうなっても知らんで」と言われた。

果たして翌日から電話攻勢が始まる。母の主張を要約すると「なぜうつになどなったのか。一刻も早く治しなさい！」というもの。そして私を奇人変人として恐れている様子が透けて見える。責め立てるので、話している間にも体調がどんどん悪化する。

そんなことがきっかけで、夫婦でずっと話し合ってきた、「母とつき合わないこと」を実行するに至る。私の体調を盾に取ると、母も了承してくれた。なぜそういう極端な結論に至ったかというと、私は幼少期から母と折り合いが悪く、結婚してからますます重荷に感じるようになっていたからだ。

母にとって私は、思い通りにならない問題だらけの娘だった。妹が生まれたばかりの4歳頃、好き嫌いがふえた私に、食事のたびに怒鳴る。習っていたピアノで間違えるとキレる。やがて私は、怒られないようできるだけ「いい子」でいる術を覚えたが、いまだに人が怒鳴る場面に弱い。テレビドラマで誰かがキレていると、耐えられなくなって消してしまう。

大人になって家を出て、結婚してと、離れていくに従い母は私を管理しようと必死になる。電話をかけてくるとダメ出しを一通り行い、近所の人に対するグチを際限なく語る。私の日常には関心を示さない。一方的な会話だからか、母の電話を切った後、私は必ず機嫌が悪くなる。実家に帰ると、隙をつくらないよう緊張するので、疲れ果てる。

夫とケンカしたときも、話し合って解決に向かううち必ず母に行き当たる。母との長年の関係が夫婦関係に悪い影響を及ぼしていることは明らかで、しかも夫婦の間に母自身が割って入ろうとする。結婚しても、娘は自分の所有物と主張しているような態度だった。

当初はそういう関係について理解不能だったらしい夫も、インターネットの情報や書籍などで研究して、少しずつわかってくれるようになった。2000年代初頭の当時、その手の本はほとんどなく、夫が一番参考にしたのはロングセラーの『毒になる親』だった。

そんなわけで、決してスマートな方法ではないし、人にすすめたくもないやり方だが、私はうつになったことでようやく母と関係を絶つことができた。不信感を抱いていても、一方で育ててくれた母親との共依存関係を脱し、母が変わってくれるかもしれない、という期待もあって、それを断念するのは難しかったからだ。

するると、自分の中ではっきりと変化が起こった。一番大きかったのは、人が怖くなくなったことだ。私は幼い頃から人に対する関心が高く、誰とでもすぐ友だちになりたがった。しかし、自分以外の人間を信用しない母の影響で、いつの間にか他人を警戒しがちになっていた。

母と連絡を取り合うのをやめたことで、私は他人がいちいち敵になるほどヒマではないし、信用できる人、味方になってくれる人がたくさんいる、という当たり前の事実に気がつく。東京に出てきてから、何人もの編集者に仕事で助けてもらってきたことが、その実感を支えた。

関西時代は主に友人が支えだった。東京に来て、友人をつくろうと四苦八苦したが、毎日行く職場もない私には難しかった。気楽におしゃべりできる相手が少なかったところへ、病気になっておそらく態度も悪くなり、ますます友人はできづらくなった。誰かと親しくなってもじきに疎遠になることのくり返し。

自分の立場がはっきりしていなかったことにも原因があった、と気づくのは2009年に『うちのご飯の60年　祖母・母・娘の食卓』を出すにあたって生活史研究家の肩書をつけ、食の分野に軸足を置くようになってからだ。よそ者は、何者かが明確でないと、居場所をつくることが難しいのである。

それでもそのときどきで、食事をする相手はできたし、病気の間つき合ってくれた友人もいた。夫には「感謝が足りない」とよく叱られていたが、誰かが支えてくれていることを実感し始めたのもこの頃だった。

そうしたある日、自転車で出かけているとき、急に「生きていて楽しい！」という気持ちがムクムクと湧きあがってきた。住宅街のいつもの道。庭に木が植わった一戸建てが並び、少し先にはマンション。何の変哲もないふつうの町。空は晴れて、頬に当たる風が気持ちいい。自分も珍しくもない世界の一部なのだと、急に理解できた。

「生きていてすみません」と思ったことは何度もあるが、自分が祝福されるべき存在の一つなんだと思えたのは、このときが初めて。なぜ急にそんな気持ちになったのかはわからないが、この「啓示」のような気分はしばらく余韻があった。

そして、気がついたのだ。生きることは誰にでも許されていて、生きている人はそれだけで喜ばしい存在だということに。だから赤ちゃんは、生まれただけで「おめでとう」と皆から言われ、亡くなった人は惜しまれるのだ。その発見があまりにも大きかったので、それから数年後、夫が連れてきた悩みを抱える専門学校の教え子さんたちに、「誰だって、生きているだけで祝福された存在なんだよ」と力強く言ってしまった。そんな言葉を言う私に、夫が「いつからそんなことを言うようになったんや！」と驚いていた。

なぜ私たちは「ていねいな暮らし」に愛憎を抱くのか

うつの症状が重いと、「何も楽しいことがない」「欲しいものがない」「やりたいことがない」と意欲が減退し、欲望が減少する。食べたいものも、もちろんない。そんなときに、献立のアイデアを出すのは大変である。

私がそういう状態で献立づくりに苦しんでいたとき、ますます自分を追い詰めてしまったのは、「日替わりのバラエティある献立で、回すべきである」「ちゃんとていねいに手づくりしなければならない」という理想論に囚われていたせいだった。理想からほど遠い自分を責めていたことが、毎日をよけいしんどくさせていたのかもしれない。

数年ほど前、うつでなくても理想イメージに苦しむ人がたくさんいることがわかった。毎日きちんと料理し、ほかの家事もマメにして、手づくりにいそしむ「ていねいな暮らし」を楽しむ人たちがメディアに取り上げられた。一方インターネット上では反発が起こった。

なぜ、マメな手づくりが理想とされる一方で、批判が起こるのか。それは、あの頃の私を含め多くの女性たちの心の底に、「昭和の理想の主婦」のイメージが貼りついているからだと思う。それはもしかすると、その人のお母さんやお姑さん、友人など身近な人かもしれないし、テレビなどで流れるイメージかもしれない。

漠然《ばくぜん》とした理想のイメージ、幻想の正体を知ることは大切だ。「幽霊の正体見たり枯れ尾花」という言葉があるように、正体を知れば、その幻想を客観視できて縛られなくなる。そこで、今回は背景にある歴史の話をしたい。

理想のイメージとは、誰よりも早く起きて、かっぽう着姿で鰹節を削って味噌汁をつくり、ご飯を炊くようなこと。あるいは毎日、手づくりのおやつをつくる。もちろん3食手づくりで、同じ献立は続けない。それでいて、笑顔を絶やさず家族に優しく接する。極端に言えば、そういうあり得ないような理想の妻・母が、昭和の主婦イメージだ。

それは昭和初期に都会の一部で、昭和半ばには全国で、結婚した女性たちがこぞって専業主婦になってから広がったイメージである。

情報源は、主婦向けの雑誌が中心。雑誌は、もともと理想や憧れを伝えるメディアだ。そして、先輩がいなかった専業主婦第一世代にとっては、雑誌が教科書にもなった。

日本には昔、家事と育児に専念する主婦はいなかった。結婚した女性たちは、使用人に家事を任せる上流階級の奥さまたちか、仕事と家事を全部やらないといけない庶民だけ。だから、明治になって欧米から入ってきた「主婦」という言葉は、使用人たちの家事を指揮する上流階級の奥さまを指していた。

やがて近代的企業が次々とできて勤め人がふえると、夫の給料で暮らせるものの、家事をしないで済むほど大勢の使用人は雇えない中流の奥さまがふえた。

家電がない当時の生活では、洗濯は手洗いで、生鮮食品は毎日買わなければならなかった。家事に手間がかかるため、中流家庭でも女中の1人2人は雇っていたのだ。

戦後の高度経済成長期には、企業がどんどん大きくなって仕事がたくさんあった。そうした仕事を求め、農村から出てきた男女がたくさんいた。首尾よく会社員になった男性たちは、同僚の女性や地元で見合いした女性と結婚する。彼女たちの多くは専業主婦になった。

この頃は、生活革命と呼べるほどの大きな変革が起こっている。洗濯機や冷蔵庫といった家電が一気に普及し、生活が便利になった。ワンストップで買いものができる、スーパーが登場した時期でもある。買える食材のバラエティも豊かになった。毎日肉や魚を食べるなんて、乳製品を使うなんて、それまでの庶民の生活にはあり得なかった。それに農村から出てきた女性たちにとっては、水くみをしなくてよく、薪をくべなくてもいい、電気と水道とガスが使える都会の住まいは、子どもの頃とは比べものにならないほど、便利に感じられただろう。

農作業に育児、舅や姑の世話、手作業の家事に追われる母親を見て育った女性たちにとって、家事と育児だけに専念できることは、天国のように思えたかもしれない。農村から出てきた女性たちにとって、専業主婦になることは出世だったのである。

彼女たちにとって、その便利な生活は経験がないものだった。そのうえ電話もなかったり、あってもなかなか通じず高かったりで、田舎の母親に家事について相談できなかった女性は大勢いただろう。

そんな女性たちが参考にしたのが、主婦雑誌やテレビの料理情報だった。主婦雑誌には、家事全般のやり方や、理想論や主婦としての心得がのっている。そしてハンバーグだのギョウザだの、食べたことがないような洋食や中華のレシピ情報ものっていた。時間はたっぷりあるから、手の込んだ料理をすることは楽しかっただろう。

しかし、レシピと食材のバラエティが豊かになるということは、献立を組み立てローテーションを考える必要が生まれる。メディアを通じて、日替わり献立の知識や、栄養バランスなどの情報も入ってくる。日々の料理が複雑なものになっていくのだが、その負担は彼女たちにとって、大きく変わった生活の中の1コマに過ぎなかったのではないだろうか。

何しろ、戦争中からずっと、生活は変化の連続だった。日本中の都市が焼け野原になった戦後から再出発したのちの好景気。世の中はどんどん便利になり、どんどんと豊かになる。そういう高揚感に包まれる専業主婦たちは、新しい料理を通して、新しい時代を体験している実感があったかもしれない。

そういう時代に生まれた理想の主婦のイメージは、私たちの心の底に眠っている。イメージの源泉は、母親だけではない。雑誌にも小説にも、理想のイメージは描かれたが、特にテレビのCMやドラマに描かれた理想の母親イメージは大きかったのではないか。映像は何といっても説得力があり、観ている人は無防備だ。今でこそ男性が料理をするCMもふえたが、主婦らしき女性が楽し気にやるCMもたくさん流されている。

ＮＨＫ朝の連続テレビ小説『スカーレット』など、朝ドラの夫婦が家事を分担するさまは、最近でこそ描かれるようになったが、それでも主人公の母親は強く優しく包容力がある人が目立つ。『サザエさん』『ちびまる子ちゃん』『ドラえもん』の女性たちは、専業主婦である。

ＣＭがうっかり差別的な描き方をすれば、インターネット上で炎上するようになった今だって、人気の作品には主婦が理想的に描かれがちなのに、そういう批判が起こらなかった昔はもっと多かった。

日本は女性差別が大きな国だから、「女性は１人の人間である前に主婦であり母親であるべき」、と心の奥底で願う男性がたくさんいるのではないか。テレビドラマやＣＭのつくり手や決定権を持つ人は、たいてい男性である。

彼らが子どもだった頃、母親はそんな風に優しく接していたかもしれない。理想の主婦なんてやりたくない女性ですら、そのイメージに支配されてしまうのだ。そのイメージが心地いい男性が、そこから脱することなく映像をつくるのはある意味で当然である。

表面上では差別はいけない、と思っていても心の奥底まで他人は介入できない。だから、男性たちにとって都合のいい、裏方でかいがいしく働く女性イメージの情報はなくならないのである。

料理情報の波に溺れて病まないために

日々の献立を考えることが苦痛になり、料理がイヤになる。台所を任されている人で、そんな気持ちを体験した人は多いだろう。むしろ一度も体験したことがない人は、いないのではないだろうか。

前節で、昭和の主婦の理想イメージが、女性たちを悩ませているという話を書いた。本節は平成になってから格段にふえた、料理情報がもたらす問題を考えたい。

平成になってから、日本人のグルメ化は加速し、料理を紹介するテレビ番組もどんどんふえた。世紀をまたいでからは、ほぼ1日中、テレビをつけたらどこかの番組やCMが、料理の映像を流すようになっている。

新しいメディアであるインターネットも、この頃から一般化した。まずブログが普及し、料理情報を個人が発信するようになった。最初に流行ったのは、キャラ弁である。

それから、〈ル・クルーゼ〉の鍋が流行った。当時20~30代女性を中心に大きな影響力があった雑誌『Mart』が、くり返し紹介したことが大きい。カラフルな鍋の流行は、煮ものが早くおいしくできる実用性だけでなく、台所周りがビジュアル重視になった時代を象徴する。

2010年代になってからは、フェイスブックとツイッターが普及し、インスタグラムも登場して、料理写真の投稿が一気にふえた。周りにどんな人がいるかにもよるが、気合いを入れてつくった見た目も華やかな「おうちごはん」や外食の写真を見て、「みんなは、おいしいものを食べているんだ」「ほかの人は料理上手なんだ」、と焦ったり落ち込んだりする人の話を、あちこちで聞くようになった。

SNSでの料理写真投稿は私もやっているので、偉そうなことは言えないが、投稿するからわかることもある。みんなに伝えたくなる料理は、ふだんと違うものであることが多いのだ。少なくとも私の場合はそうで、投稿する料理写真はほとんど外食。イスラエル料理を食べた、バスク料理を食べた。明石の鯛の姿焼きを食べた。元来がおしゃべりなので、そんな珍しい料理、高級食材と出合った感動を思わず話したくなる。私の場合、記録しておいて後で原稿に使う、という備忘録の意味もあるのだけれど。

自分でつくった料理の写真はほとんど投稿しないが、友人を呼んで持ち寄りパーティをしたときとか、気合いを入れて栗ご飯をつくったとか、そういう特別なときに投稿したことはある。

でも、これは特別だからと思って投稿する人が100人いたら、100通りの「特別」があって、それでいて投稿しない人には、その写真が日常のものに見えてしまうことはあるだろう。そしてその料理が自分にはつくれなさそうなものだったら、引け目を感じるかもしれない。

書店に行けば、おいしそうな写真を使ったレシピ本も、たくさん並んでいる。

料理を学ぼうと書店へ行ったものの、選択肢があり過ぎて、自分に必要な本がどれかわからない、と悩んだ人もいるだろう。レシピ本にも相性があって、買った本が自分に合わず、思った通りの仕上がりにならないことはあるだろう。ここ数年は時短レシピブームで、手順が単純なレシピはふえているが、その本が自分の好みかどうかは未知数だ。

同じことは、レシピサイトにも言える。自分がどんな料理のレシピを求めているのか、本を選ぶとき以上に目的を明確にしないと、欲しい情報にたどり着けない。漠然と「今夜は何をつくろうか」というレベルから、「これが食べたい」「つくりたい」と思えるレシピにたどり着くのは、けっこう難しそうだ。

書店やインターネットで、ぼんやりした自分の気持ちにハマる情報を探すうちに、料理情報の洪水に疲れてしまうことだってあるのではないか。

何かを学ぶとき、うまくハマれば向上心を刺激され、学ぶ楽しみや上達する手応えを味わえる。一方で、自分に合うやり方が見つからず苦労する、時には挫折することもある。すると、学ぼうとしたものを嫌いになるかもしれない。

それは料理も例外ではない。

料理のレシピではないが、私は仕事上で欲しい情報がなかなか見つからず、もうその情報に関わるものを見るのがイヤになるぐらい疲れたことは何度もある。調べることに使った時間が長過ぎて、焦ってイライラすることも。

欲しいものを探すときは、自分から玉石混淆《ぎょくせきこんこう》の情報の海に飛び込むわけだから、イヤになるほど情報を浴びる。望んだこと、覚悟したこととはいえ、時間がかかればかかるほど、疲れてしまう。検索や調べものが苦手な人なら、その疲労感はとんでもないものになる。

求めていてすらそうなのだから、求めてもいないのに、テレビやインターネットで料理の写真や情報が次々と流れてきたら、イヤになることもあるだろう。料理を苦痛に感じているときや、失敗して落ち込んでいるときはなおさらだ。

手持ち無沙汰なときにスマホをいじってSNSを眺めてしまう、リビングに行けばテレビをつけてしまう、という人は多い。私たちは無防備に、情報洪水に身を預けがちなのだ。

だから意識して、情報から離れてみてはどうだろうか。自分のペースを守って暮らすには、情報を一時的にでも遮断することが必要だ。たとえば静かに料理とは関係がない本を読む、あるいはテレビをつけるときに目的を持って、料理情報が出てこない番組を観る。もし天気がよくて少し時間が取れるなら、散歩をするなど外の空気を吸ってはどうだろうか。それが叶わないなら、とりあえずお茶を淹れるのもいい。台所に入ることすらイヤでなければだけど。

つまり、料理情報のシャワーを浴びて疲れているときは、仕事その他の日常生活で疲れたときと同じ対策が必要になる。まずはそこから離れて休憩すること。一息ついて、改めて考えてみよう。1日中インターネットに接していることが、あるいはしょっちゅうテレビの画面を眺めていることが、奪ってしまった自分自身に戻る時間について。

もしかすると、もう漠然と情報に身をさらすのではなく、自分が何をしたいのか、何を求めているのかを考えて、それに合った行動をするときが来ているのかもしれない。自分が何をしたいかがはっきりすれば、やがていらない情報に身をさらしたときに「これは私には関係がない」、と自動的に捨てることができるようになっていくだろう。

外食の効能について考える

私がうつからなかなか回復しなかった要因は、幼少期から続く母との確執ではないか。もともと母は、私自身の気持ちには関心がないのに、言動を監視する傾向が強かった。結婚してからますます圧力がきつくなり、自分に関心を引きつけておこうとするので、ストレスが高まっていた。

関係を見つめ直す意味も含めて、母に取材した話を中心にまとめたのが、私が書いた食分野の最初の本『うちのご飯の60年　祖母・母・娘の食卓』だった。もちろん、中心テーマはタイトルの通り食卓の変化について。母には、典型的な昭和の専業主婦という位置づけだ、と了解してもらった。

実家に泊まり込んで、母の食体験を聞き取ること2回。電話で補足取材10回あまり。父や親戚にも話を聞いて、図書館に通い背景を調べる。その頃の私は仕事が少なかったので、借りてきた本についてはノートまでつくった。取材メモを含めて、大学ノート9冊が埋まった。

マイペースでやれる本の仕事は、体調が回復していく時期にも合っていたように思う。目標を持てたことで、生活にもハリができた。ときどき休まないとパソコン仕事はできなかったので、倒れている間に書くことをある程度考えておき、パソコンの前では悩まず一気に書くという習慣が身についた。必要に迫られて、集中力が高まったのである。

じっくり話を聞き原稿を書き始めると、いかに母が自己中心的かが見えてくる。そしてさんざん話をしたからといって、今度は娘の話を聞こう、という態度にもまったくならない。それでも、母親なのだから受け入れてくれるかも、と期待して、つらかったときにうつを告白したら、母は連日の電話攻勢をかけてきた。それを受け止める私はみるみる体が硬直して重くなり、病状はむしろ悪化したのである。

そのことがきっかけで母と関係を切ると、心が軽くなった。紆余曲折がありながらも快方へ向かったのは、私の重荷になっていた母という人間を知り、自分を自由にしたからかもしれない。

当初企画を進めていた出版社がつぶれ、ついに版元が決まったのは2009年。最後に書いたのがプロローグで、そのタイトルは「今日のご飯は何にしよう」。書いているうちに、たまには息抜きに外食することを自分に許してもいいのではないか、と思い始めた。

それまでは、専業主婦で毎日台所に立つ母の姿やメディアのイメージに縛られ、「毎日きちんと手づくりしなければ！」と思い込んでいた。しかし、せっかく都会に住んでいて便利なのだから、たまには食事づくりをサボっても罪悪感を抱く必要はないのではないか。

今振り返ってみれば、あの頃は外食の機会がほとんどなかった。うつのためネガティブなことを言いがちで、精神的にも不安定な私から去っていく人は何人もいたし、仕事が少ないと交際も少なくなる。飲み会のお誘いもめったになく、ほぼ毎食家で食べる生活は、もしかすると人生初だったかもしれなかった。子どもの頃ですら、家族で週末に外食していたのだから。

その頃住んでいた家からは、散歩で行ける範囲にいくつか商店街があり、外食の選択肢がけっこうあった。あっさり目の蕎麦屋と、蕎麦サラダもあるボリューミーな戸隠そば屋。スパイシーな割に辛さはマイルドなインド料理店。何だかおしゃれなトスカーナ料理店。ペットの犬を連れて入れる、居心地のいいイタリア料理店。道明寺蒸しなんておしゃれな料理をがんばってつくっていた居酒屋。大学の近くの商店街にある餃子の王将。アメリカンなインテリアのグルメバーガー店。ランチの海鮮丼が安い寿司屋。

夫と2人でどの店へ行くか決めてから、歩く方角を決める。散歩がてら店まで行って、メニューを決めてぼんやり待つ。サラリーマンが多い店、家族連れが多い店、奥さまたちが集う店。店によって料理だけでなく、客層も違い、インテリアも違う。自宅ではない場所で過ごすことも、気分転換になった。そして、家ではつくらないもの、つくれないものを注文して、つくる必要も片づける必要もなく、おいしくいただく。家にいたら、黙々と食べるだけのことが多い私たちも、店にいるとおしゃべりに花が咲く。

外に食べに行くことは、ふだんと違う空間でふだんと違う料理を食べるという意味でも、気分転換になるのである。

もともとうちでは交代でつくっていたから、週に何度か料理を休める日はあったが、外食するとルーチンを1回サボれる以上の解放感があった。リフレッシュするから、ちょっとはがんばって料理しようか、という気にもなる。

もう一ついいのは、外食すると料理のヒントをもらえることがある点だ。考えてみれば、料理の際にレシピ本を参考にしない私にとって、新しい料理のヒントはいつも外食にあった。大学生になったときに初めて入った居酒屋で、ホウレンソウをモヤシ、卵を加えて炒めたポパイという料理を食べて、真似したのが最初。以来、自分では思いつかない素材の組み合わせ方、調理法、味つけの仕方など、刺激をくれた外食はたくさんある。

ベビーリーフとキュウリとパクチー、ルッコラ、刺身でシーフードサラダにするアイデアも、カフェで食べたシーフードサラダをヒントにした。キーマカレーも何度も食べるうちに、レパートリーに仲間入り。栄養バランスをよくしようと、ナスとトマトを加えた夏のカレーである。ジャガイモを入れなければ、腐りにくいし時短にもなる。

ゴーヤーチャンプルーも、来客があるとつくるようになったキャロットラペも、外食で流行ってつくるようになった料理だった。

あの頃は近所のリーズナブルな店でしか食べなかったから、それほど手の込んだ料理が出てくるわけではなく、真似できるものも多かったように思う。「これ、つくってみよう」と思うと、料理にもやる気が出る。やっぱりルーチンには、刺激が必要だ。食べてみたい、つくってみたい、と思うには、日々の暮らしの風通しをよくすることが望ましい。よどんだ空気で煮詰まるのは仕事も生活も同じで、できる方法を見つけて気分転換することは、どんなときでも大切なこと。そして、切実に必要としているときには、停滞した空気を換える方法は見つかる。

そのためにはまず、「〜ねばならない」という心の縛りを、「それは絶対なのか？」と問い直すことが必要なのかもしれない。長い人生を料理して生きていくために、息抜きで外食をすることも、私が求めた一つの答えだったのである。

第四章
うつと仕事

うつと自分を切り離して考えるようになってきた〜気分を変えるピクニック弁当〜

うつの大変なところは、体が重くかんたんに疲れる、眠れないといった身体症状に加え、気持ちがネガティブになってしまうことだ。朝起きたときには、1日が始まることがつらい。世の中に対して漠然とイライラする。何でも悪いように取って、ひがんだり怒ったりしてしまう。

そして、ふとしたときに死にたくなる。夫婦ゲンカをしていて、衝動的に自分を消してしまいたくなることもあれば、ネガティブな思考のスパイラルにハマって死ぬことを考えてしまうときもある。

治療を始めて数年経つと、何度も休憩を挟みながらであれば前より仕事ができるようになった。取材などで出かけるときは、頓服薬《とんぷく》を飲んでいく。人に会うと緊張するし、都心でも緊張するからだ。それは職業柄、初めての相手、初めての行先が多いからでもある。

それでも人に会っているとき、無自覚のうちに困った態度を取ることもあったようで、なくなった仕事もあったし、去ってしまった友人もいた。

やがて、あるときふと、「死にたい」とわめくのは私に取りついた「うつの奴」であって、私自身ではない、と気がついた。かさぶたのように、ネガティブな気持ちが自分自身からはがれたような感じだった。それからは、イヤな気分が襲ってくると、夫に冗談めかして「うつの奴が『死にたい』って言ってるー」、などと訴えるようになった。

私がしょっちゅう「うつの奴が」と訴えるので、夫も「ハイハイ」と適当に受け流す。大変なことは大変なのだが、日常なので夫もいちいち真剣に不安がらないし、私も「また来た！」とやり過ごせるようになった。何より、そういうネガティブな気分が自分と切り離せるようになって、ラクになった。

そのように変化した本当の理由はよくわからない。もしかすると、仕事がある程度ふえて、自分を律する機会をもらえるようになったからかもしれない。仕事で人と会うと疲れるのだが、甘えられないのでシャンとするし、気分転換になる。心の中に新しい風も吹いてくる。

仕事は人の役に立つことだから、自分が誰かに必要とされる人間だ、と誇りを得る機会にもなる。そして仕事は、お金を稼ぐ手段でもある。すると必要なものも含めて欲しいものを買う、つまり欲求を満たす機会がふえる。少しずつ自分を満足させる機会を積み重ね、「うつの奴」を自分から切り離せるように変化したのかもしれない。

仕事するようになったとはいっても、もともと家で書くことが中心なので、それほど外出の機会があるわけではない。また、フルタイムで働く体力はまだなかったし、そこまで仕事が多いわけでもなかった。家にこもりがちの生活は続いた。

気分転換は、毎日のようにしている散歩、ときどき食事づくりをサボるための外食だ。そして、春秋の気候のいい日で、夫も私も1日中家で仕事をする日で時間に余裕があるときは、急に思い立って近所の公園で軽くピクニックすることがあった。幸い、自転車に乗って行ける範囲にいくつか、緑豊かな公園や大学があった。

「お昼、外で食べよっか」と、どちらかが言い出す。ご飯を多めに炊いて、肉野菜炒めをつくる。おかずは1種類で済ませることもあれば、卵焼きをつくってみる、ちょっとした和えものをつくってみることもあった。煮ものの残りを加える場合もあった。イワシの煮つけが残っていれば、ご飯の上にドーンとのっける。魚の味がしみ込んだご飯が意外においしいのだ。

このピクニックのいいところは、片道10分程度で目的地に着くから弁当が傷む心配もなく、ほかに一緒の人もいないので、地味な弁当を見られて恥ずかしい、という問題がないことだ。2人分のご飯をプラスチック容器に入れる。海苔があれば海苔をのせ、なければそのままで、梅干し2個を置く。おかずは別のプラスチック容器に入れる。2種類以上のおかずがあるときは、アルミホイルで包むものもある。私は「自家製ほか弁」と呼んでいた。何しろ弁当を開けるときには、まだ温かいのだ。

そういえばわが家に弁当箱はない。一人暮らしを始めた1年間は会社員だったから、毎日会社に弁当を持っていった。あのときの容器はどこへ行ったのか？　夜も残業で外食が多かった会社員時代、昼ご飯まで外食すると体が重くなるし、お金がどんどん出て行ってしまうので、弁当生活をしていた。

しかし、一人暮らしの私の食事管理はいい加減で、ちょっとへたりかけているような炒り鶏も弁当箱に詰めていた。食べるときに「これちょっとやばいかも」などと言っていたので、パートのおばさんたちに「あんたが結婚したら、ダンナさんにどんなものを食べさせるのか心配やわ」と言われた。そして、残念ながらその心配は現実になった。うっかり煮ものを煮返すのを忘れる、冷蔵庫に入れるのを忘れるなどして、食べ始めてから夫に「これやばいで」と言われて捨てる、ということが実は何度もあったので。

特に初夏と初秋は、夏ほど暑くないので油断して食べものを腐らせやすい季節だ。その季節は一方で、過ごしやすい天候に誘われる、ピクニック日和も多い。
公園で弁当を広げるのは、至福の時間である。何しろ気候がいい。そよ風が気持ちいい。陽射しが暖かい。緑が美しい。花が咲いていることもある。大学の桜が満開のときは、本当に美しかった。ほかにも弁当を広げている親子連れやママ友集団がいることもある。小さな子どもたちが、周りを駆け回っている。お年寄りが景色を眺めていることもある。

戸外で風や太陽を感じながら食べると、なぜだかいつもの食事がおいしく感じられる。食欲が増すので、ご飯は多めに、おかずも多めに入れておく。気をつけるべきことは、自転車で運んで揺れるため、煮ものや炒めものの汁気をあらかじめ切っておくことぐらい。10代の頃、母が学校へ持たせてくれる弁当は、よく煮汁がこぼれてご飯を汚していたし、包んでいる布から染み出て、カバンの中を汚したことが何度もあった。「汁が出ないようにしてよ!」と文句を言うのだが、翌日もまた弁当箱から汁が出ている。

だから、自分で弁当をつくるようになると、汁気を取ること、ご飯とおかずを別の入れものに分けることに気をつけるようになった。でも、パートさんにあきれられたあの頃も、何種類もおかずを詰めたり、彩りよく盛りつけたりはしなかった。今は、日々のご飯の延長線上にあるからなおのこと、映える詰め方など面倒でできない。

そういえば一度だけ、夫と初デートで大きな公園に行ったときは、何種類もおかずを詰めてご飯はおにぎりにしたっけ。あの1回だけだ、凝った弁当をつくったのは。そのときは「胃袋をつかむ」ためとデートがうれしかったので、何日も前からメニューを考えていたっけ。

でも、結婚してからは日常の一部のちょっとした楽しみで、弁当をつくることより外で食べる楽しみのウエイトが大きい。天気を見て急に「今日は外でお弁当にしようか」と言い出せるのは、手間をかけないからなのである。

二つの震災

生きていると、思いがけないことが起こる。私も、まさかうつと共に歩む人生なんて思いもよらなかったし、若い頃は、私の人生なんて平凡でつまらないもの、と思い込んでいた。だから、阪神淡路大震災で被災したときは、物書きとしてすごいアドバンテージを得たように思ってしまった。ゴジラが家をおもちゃ箱みたいに揺さぶっているような揺れのため、布団の中で丸まっていたときに……能天気だった。

あの頃の私は、作家になるには特別な個性とふつうじゃない人生が必要、と思っていた。でも、本当に必要なのは、精神的に自立することだった。親に屈託を抱えながらも依存していた私が、何者でもなかったのは当然だった、と今ならわかる。

災害も事件も他人事だと思っていたのに、突然の当事者。私に備えはなかったが、日本の社会にもそうした大きな危機に対する構えができていなかった。

今でこそ、そういうときに受ける心の傷に、目が向けられるようになった。PTSD、トラウマ、心の傷。そんな言葉が広がったのは、阪神淡路大震災がきっかけだった。でもまだそういうものの存在が知られるようになったばかりだったから、その頃は、いろいろとひどかった。

被災地までわざわざ見学に来て、瓦礫《がれき》の山で記念写真を撮った若者たちについては、報道もあったから覚えている人もいるだろう。少し後だが、東京に移って、あの震災の被災者だと知った周りの人から、好奇心むき出しで体験を聞かれ、一生懸命説明した日の夜は悪夢にうなされる、という時期もあった。

仮住まいの家が遠い地域になって不安がる被災者を、「被災者のくせに文句を言うな」と叩くような風潮もあった。被害者という存在は被害に遭ったがゆえに、身を縮めて生きなければならない。私が子どもの頃はそういうことを求められがちだったし、平成になったばかりのあの頃も、そういう雰囲気があった。今だって、新型コロナウイルス感染症患者とその関係者は叩かれてしまうが……。

住んでいた親の家は半壊し、電気はすぐ復旧したものの、ガスがその日のうちに止められ、水道も止まっていた。幸い、近所に新しい体育館ができたところで、そこでトイレを済ませ、夜は泊まった。弁当ももらった。ふだん私はあまりバナナを食べないが、あのとき弁当についていたバナナは、甘さが口いっぱいに広がって人生最高においしかった。

2日ほど、家の片づけや水くみや買い出しに追われたが、3日目から出勤。家の電話は止まっていて公衆電話も長い行列でほとんど誰にもつながらなかったので、会社に行くと「阿古さん無事だった！」といろいろな人から声をかけられる。幼い頃から親に軽く扱われ続けて自分を「取るに足らない」と思っていたから、心配してくれた人たちの存在に驚いた。

大阪市内の会社やその周辺には何も被害がなく、トイレの水は流れるし、オフィスはエアコンがついていて、被災地とのギャップに何だか泣けてきた。移動時間はたった1時間なのに、天と地ほどの環境の違いがつらい。あまりにも大き過ぎる環境の変化は、大きなストレスになる、と知ったのはだいぶ後だ。

私が勤めていた会社は、家電や住宅、住宅設備のチラシやカタログといった販売促進ツールをつくる広告制作会社で、周りが「震災でも無事だった浴槽」「震災でも無事だった瓦」「震災でも無事だった社宅」の事例集めに色めき立っていたこともつらかった。同僚の多くは大阪や奈良、京都方面に住んでいて、被災者は社内で1割もいなかったと思う。

その1割のうち、自宅復旧のために1カ月も休職している先輩がいた。住んでいたマンションが、倒壊した高速道路の近くで、生まれて初めて神戸以外で仮住まいしている先輩もいた。少ない被災者同士で、私たちは妙な連帯感を共有していた。数年後に「あれって震災前だったよな」と思い出を語る先輩が、周りに「なんやその言い方」と笑われていたけど、震災前と震災後はキリスト誕生前後みたいに世界が違う、という感覚は私もわかる。

家族は数日、体育館で寝泊まりした後、母が言い出して大阪の従妹の家に身を寄せた。でもその1週間後、母は突然私だけを置いて自宅に戻った。朝になっていきなり「あなたはここに残りなさい」、と有無を言わさず残された私の心の傷は深く、その後実家を自分の「帰る場所」だと思えなくなった。家族の中で私だけが、テレビで地震その他で揺れる映像をいっさい直視できなくなった。10年経ってあのときはつらかった、とようやく母に告白したところ、「だって仕方なかったんや！」とキレられた。そういうことも、「この人とはやっていけない」と考えた要因の一つだった。

避難所暮らしのとき、同僚から「阿古ちゃん、今何が食べたい？」と聞かれた。「煮たもの、焼いたもの、炒めたもの」と即答したら「テレビに出てた人と同じこと言ってるー！」と返された。会社の近くでいつも買う弁当を家族の人数分そろえ、インスタントの卵スープをポットのお湯で煮溶かして夕食にする、という生活だったから、調理したてのものを食べたかったのである。

私は2カ月、従妹の家でお世話になったのち、一人暮らしを始めた。自分の好きなものを好きなように食べられるのがうれしくて、2〜3カ月は買ったばかりのレシピ本をもとに、料理しまくった。豆腐のステーキとか炒り豆腐とか、食べたことがなかった手の込んだ料理も楽しんだ。

自分で自分の食べるものを賄う喜びに満ちた時間は、それから16年後、東日本大震災のときの東京で再び訪れた。幾分ハイになっていた1995年と違って、このときはしみじみした気持ち。東京も震度5だったけど、幸い本棚だけの部屋でモノはほとんど落ちることなく、放射能に怯《おび》える以外は日常生活に支障はなかった。そして、計画停電のエリアにも入っていなかった。

ただ、阪神淡路大震災のときのフラッシュバックがすごかった。うつもまだ回復しかけという段階だったので、2カ月ほどずっと心臓のドキドキが止まらなかった。

阪神淡路大震災のとき、家から切り離されたトラウマは、やはりとても大きかった。夫は放射能の危険を避けるため、一時的に奈良県の自分の実家に帰ろうと言ったが、私は住んでいるところを離れたら二度と戻ってこられない気がして、あるいは東京の人たちから部外者扱いされるようになるのではないかと恐れて、泣きながらそれはイヤだと主張した。阪神淡路大震災のときのトラウマだけでなく、うつが環境の変化に弱いことも心配だった。もし「逃げ出さなければ死ぬ！」という状況に置かれたら身がすくんで私は死ぬな、と思った。

そんなとき、唯一心が休まるのは料理する時間だった。何しろ、電気もガスも水道もいつもの通りに動いている。エアコンは使えるし、蛇口をひねれば水が出る。お湯も沸かせる。

料理できるってありがたいなと思いながら、和食をつくった。コロナ禍で巣ごもり生活を始めたばかりのときも、和食をつくった。危機のときは和食を食べたくなるのかもしれない。東日本大震災のときは、肉野菜炒めの醬油・みりん味が多かったかな。単純な料理で、いつもの自分の味が食べられることが、しみじみとありがたいと思える日々を過ごし、少しずつ日常を取り戻していったのである。

「底つき」の馬鹿力

うつの体調不良で苦しんでいた数年間は、生活のほかの部分でも大変だった。仕事が少ないので常にお金の心配をして節約していたし、友人がなかなかできず、できてもネガティブな態度を取りがちで関係が続かなかった。そして、本の出版もなかなかうまくいかなかった。そうした不調も、うつからの回復を遅らせたし、回復が遅いことが生活や仕事に支障をきたす原因にもなった。

2009年に最初の食の本、『うちのご飯の60年』を出した後は、2冊の本の刊行に向けて準備をしていた。その1冊、『昭和の洋食　平成のカフェ飯　家庭料理の80年』は、何度も図書館に通って雑誌を調べ、新旧の小説やドラマやマンガから食卓シーンを選び、2013年2月に無事刊行できた。この本がなかったら、私の人生も変わっていたかもしれない。

というのは、もう1冊準備していた本が、実は企画会議に落ちていたことを編集者から知らされないまま3年も無駄に費やしてしまったからだ。適切なアドバイスもチェックもないまま何回も試し刷りの校正だという原稿を渡され読み返していると、だんだん追い詰められて、自分はダメな人間なんじゃないか、と思えてくる。パワハラ気味の相手に振り回され、「本がちっとも売れない私が出していただくのだから」と卑屈になっていた。もともと自己評価が低い自分に不運を招く要因はあったかもしれないが、一番悪いのは抑圧的にふるまうだました相手だ。

仕事が順調な今だからはっきり言えるが、いくら本の売れ行きが悪くても、編集者は著者だけに責任を押しつける物言いをしてはいけないと思う。一生懸命書いた本の評価は、誰よりも著者自身が気にしているのだから。

もしかすると、その編集者は私が「もういいです」、と投げ出すことを期待していたのかもしれない。しかし、仕事を逃したくない私が原稿にしがみついているので、向こうが音を上げ、ある日「本が出せないことになりました」と書いたメールが届く。ショックを受けた私が夫に報告すると彼は怒り、一緒に編集者に会うことになった。カフェで4時間夫が問い詰めた挙句、ようやく企画が通っていなかったことを、ベテランの男性編集者は白状した。

それからすぐ、夫は以前私がお世話になっていた『AERA』編集部に営業しろ、とアドバイスしてくれた。『AERA』には、私が東京に来てまもない頃一緒に仕事をしたデスクの女性が戻ってきており、その人に新しい企画の企画書もつけ、意欲を伝えるメールを送った。

その前に仕事に復帰した頃は、5年間正社員として働き、フリーになってからも仕事をした広告制作会社へ行けというアドバイスをもらった。すると、同期の男性が社内に声をかけてくれ、定期的に仕事が来るようになった。古巣の慣れたやり方のおかげで調子が上向いた私だったが、大企業がクライアントの仕事は、リーマンショック後になくなっていた。

それから夫は、視野とネットワークを広げることが必要、とフェイスブックの利用もすすめた。夫は私を一番よく知っていて、ある意味で同業者でもあるので、アドバイスは的確だと信じられる。私は、言われた通り全部やった。

外に出ることが必要、とその頃ふえていたイベントにもどんどん出かけて知り合いづくりにいそしんだ。フェイスブックの友人をふやし、街を歩いて、テレビその他のメディアもチェックし、ネタを見つけて企画を上げる。取材先の人とも、フェイスブックでどんどんつながった。中にはリアルな友人になった人もいる。

本の頓挫によって、私はたぶん長い間かかった転落の末、ようやく底にたどり着いた。落ちていく過程であがいても、暴れることで蟻地獄の巣へ落ちるようにかえってズルズル落ちてしまう。多少動けるようになってから、友人をつくろうとしては失敗し、うつを治そうと躍起になってすぐ倒れたり毒を吐いたりしてしまったのは、まだ坂道の途中にいたからだと思う。

しかし、時間と手間をかけて書いた本が、結局出せないとわかったとき、ついに私は底に突き落とされた。底にいると地面がしっかりしているから、跳ね上がることができる。私はこのとき、その編集者と出版社を見返してやりたいと、地上めざしてものすごくがんばり始めた。

とはいえ、頼りになる仕事先は、ほぼ『AERA』だけ。ここで仕事をもらうには、その都度企画を出さなければならない。2年ほどの間、私は2カ月に1本企画を出し、その8～9割が通って、3～4カ月に1本掲載されるハイペースとヒット率で、担当編集者から「阿古さん、どうやったらそんなにたくさん企画を出せるんですか?」と言われたほどだった。火事場の馬鹿力が出た期間だった。

そして、だまされた本と同時進行だった『昭和の洋食　平成のカフェ飯　家庭料理の80年』が、いろいろな思いが詰まっていて迫力があったのか、新聞各紙に書評が掲載され、そのおかげで重版までした。

出会った人たちとフェイスブックでもつながる、ということをくり返すうちに、食に関心が高い人たちのネットワークができ始めた。そしてもう一つ、このシリーズの主題である料理につながる発見もした。

その頃の私は、節約するため下町の商店街でできるだけ安い食材を買っていた。「珍しい野菜は売れないんだよね」と八百屋のお兄ちゃんが言う店には、品質はよいがテッパンの定番食材ばかり並んでいる。いつもの食材を買う日々は安定しているが、飽きっぽい私には退屈でもあった。それで、献立づくりにも行き詰まりがちだった。

ところが、その頃都心でふえ始めていた、ファーマーズマーケットやマルシェに行くと、新野菜や在来野菜がいろいろ売られている。自然栽培の貴重な野菜もある。

「この緑色の大きなナスは、焼くとトロリと溶ける」と聞いて、ふだんなら炒めものにしてしまうナスをステーキにしてみようと思う。在来種の太いキュウリは、ピリ辛に炒めてみる。特に印象に残ったのは移動八百屋から買った自然栽培の春菊で、「ナマでも食べられますよ」と聞いてサラダにしたら、体の中からエネルギーが満ちてくるような気分になった。そして、冬も煮ものだけなら飽きるが、サラダなど爽やかなものを1品つければ、食べ飽きないかもしれない、などと発見する。

今は専業主婦が多い町に住み、珍しい野菜・果物を積極的に扱うスーパーで買いものをしている。食材の種類が多い春や秋は、「旬が短いこれを使って何をつくろうか」と思わせる食材に出合うことが多い。食材のセレクトショップで、いかなご醬油など珍しい調味料を買い、料理を工夫することもある。

ルーチンの買いものは、日々の食卓を回すために必要な食材を買うだけで済むかもしれないが、珍しい食材や調味料を買うことは、つくる楽しみと食べる楽しみ、食べさせる楽しみを得られるイベントになる。毎日の「当たり前」にちょっとしたアクセントが加わって日々が楽しくなるのである。そうした買いものは今でも続き、ときどき「これ買ってきたから、○○つくるね！」と、台所に駆け込む日が生まれている。

第五章

うつとジェンダー

料理研究家・辰巳浜子さんの本から学んだ料理の楽しさ

たくさんの思いを詰め込んだ『昭和の洋食　平成のカフェ飯』が注目されたおかげで舞い込んだのが、その後『小林カツ代と栗原はるみ　料理研究家とその時代』となる本の執筆依頼だ。本の中にある、働く女性としての自負を持つ小林カツ代と、「主婦」としてのアイデンティティを大事にする栗原はるみの対比が面白い。ぜひその両者についての本を書いて欲しい、と編集者に言われた。

私は私で、『昭和の～』を執筆中、料理研究家は社会貢献をしているにもかかわらず、食文化の歴史ではあまり紹介されていないし、評論の対象にもなっていないなど、社会的評価が高くないのではないか、と気になっていた。

「料理研究家など不要の仕事だ」と言う人がときどきいるが、必要なかったらこんなに大勢の料理研究家たちに仕事があるはずがないし、書店で大量のレシピ本が売られることも、テレビで料理番組が放送されてきたわけもないのだ。社会にとって必要だからこそ、彼らの仕事は成り立っている。

私は、「料理研究家の通史なら書きます」と言って、その仕事を引き受けた。料理研究家は、近代化が進む時代に生まれた職業である。薪の火で、身の回りにある季節の食材だけで同じような料理をつくっていた時代は、受け継がれてきたレシピでこと足りた。いろいろつくるには、台所環境も食材の面でも制約が大きいうえ台所の担い手が忙し過ぎた。

しかし、近代化によって専業主婦が生まれ、台所にガスや水道が入って便利になり、生産や流通が発展して食材の選択肢が豊富になると、料理を工夫しようという気持ちが主婦の間で育つ。火力が安定したガスコンロがある台所になり、かまどの台所とは使い方も変わる。

近代には、栄養学も生まれた。栄養状態が悪いと病気になる、場合によっては死を招くと知られ始めたことも大きい。また、目新しい食材を使いこなす知恵も過去には求められない。新しい時代に対応したレシピが求められたのである。

その後環境が変わって共働き女性がふえると、今度は豊かな食卓に慣れた人たちが、どのように工夫すれば仕事と家事を両立できるか、教えてくれる人が求められた。子どものお手伝いが当たり前でなくなると、大人になって初めて台所に立つ人が、メディアに初歩的な知恵を求めるようにもなった。何しろ時代はどんどん変わるので、親から子へと受け継ぐだけでは足りない知恵がたくさんあるのだ。教える親がいない場合もある。

そしてもちろん、楽しみもある。今まで食べたことがない料理を、つくってみたい人も食べてみたい人もいる。趣味も実用も抱き込んで、料理の知恵を伝えるプロが必要とされる社会になったのである。

料理研究家の本を書くために、私はいろいろな時代を代表する料理研究家たちのレシピ本やエッセイ集、インタビューなどをかき集めた。私自身はふだん、レシピを参考に料理することがないので、改めてそういった本を読むと、知らなかったコツがわかる楽しみもあった。

特に印象的だったのが和食のコツで、高野豆腐を戻すのはぬるま湯が必要という話だった。高野豆腐を日常食にする関西で育った私は、たまに高野豆腐を出汁で煮て、卵と絹サヤでとじた煮ものをつくる。しかし、お店のものと違って、固い仕上がりになることが気になっていた。自己流で料理を覚えた私は、水で戻していたのだ。ぬるま湯でうまく戻せた日、その発見を夫に伝えると「だからいつも固かったんや」と言われた。

辰巳浜子さんの本を復刻した『手しおにかけた私の料理　辰巳芳子がつたえる母の味』を読んだときは、出汁を取る昆布が「ゆらりと揺れ始めたら火を弱めます」という細かさにおののく。しかし、昆布を煮ている間に鍋の中をにらみ、泡が少しずつ出て「ゆらり」となる瞬間を狙い引き上げるのが、勝負をするみたいで何だか面白くなった。

この本ではもう一つ、辰巳浜子さんがナスを味噌汁の具にすると色が変わるのがイヤなことから生み出した、というごま油で炒めたナスを味噌汁に入れる方法も真似した。私は、ナスが崩れるのが気になっていた。ごま油で炒めると香りが出るし、油のうまみが欲しくてたいていの味噌汁に入れる油揚げも必要ない。そして、ふっくらと形を保ったナスもおいしいのである。

辰巳浜子さんの意図とは違うかもしれないが、油でコーティングする知恵をここで学んだ私は、その後、カブをスープやシチューに入れるようになった。カブも煮るとクチャクチャに崩れるから。炒めたカブは香り高くておいしいから。炒めものには前からよく使っていたけれど、煮崩れするのがイヤで、スープには使ってこなかったのだ。

それまで私は、必要に迫られるから、というだけで料理していることが多かった。何しろ毎日食べないと生きていけないけれど、毎日外食するのはお金もかかるし面倒だし飽きる。いつも夫に頼むわけにもいかない。でも忙しいしめんどくさいから、適当にいつもわかっている料理をつくる。

だから、こんなにも真剣に料理に向き合い、料理を心から楽しんで工夫する人たちがいることに、改めて驚いた。料理が大好きな料理研究家たちの思いが、どんどん頭に入ってくる。やがてその驚きは、料理研究家たちに対する尊敬へと育っていった。

私はなんていい加減に料理とつき合ってきたのだろう。それに対して、この人たちはなんて料理を愛しているのだろう。「料理って楽しいのよ」という彼女たちの声が心に届く。そうか、楽しいのか。

この本を書いていた2014年、私はもう一冊、『「和食」って何？』という食文化史の本も抱えていた。両方の出版社に、交互に原稿を書く旨を伝え執筆したのだが、どちらも大量の資料を必要とする。私は台所のテーブルで、本を読んではメモを取り、ある程度情報を整理したうえでパソコンに向かう、という生活を続けた。

昼食前や夕食前になると、食事の支度も必要になる。台所で下ごしらえをしてから、椅子に座って資料をまとめ、火にかけてまた仕事をし、そのくり返しで料理について考え続けていた。

その料理と仕事、仕事と料理のくり返しの作業が、私に仕事と家事の両面で新しい発見をもたらしてくれたのである。

家事分担は「量」だけでは語れない

夫と暮らし始めて数年は、よく2人で買いものに行った。交代で料理当番になった夫は、スーパーのレジ横の料理雑誌を手に取って、何やら研究していることが多かった。テレビで料理番組を観ることもある。冷蔵庫の食材をどう使うか、レシピサイトで検索し、「わかった」と言って料理を始めることもある。

彼がそれらのレシピ情報でヒントを得た料理で定番になった一つは、「キュウリのザクザク」と呼んでいる夏の料理だ。塩でもんだキュウリをすりこ木で叩いて砕き、炒めてから、醤油・酒・砂糖・酢・トウガラシの調味液を熱してアルコール分を飛ばした中に入れ、冷蔵庫で冷やす。

また、10年ほど前だったか、鶏むね肉料理を研究していた時期もあった。片栗粉をまぶした醬油味のソテーはおいしかったが、最近はつくってくれない。醬油とみりんとショウガを入れた湯でゆっくりと煮て、残った汁をスープにする料理も覚えて教えてくれたが、私が塩・コショウを振って蒸す方法を思いついてから、鶏むね肉の担当自体が私になってしまった気がする。

私たちは、このように交代で行う家事、分担する家事を決めて、ずっとシェアしてきた。ウエイトはお互いの仕事の状況で変わるが、私のうつが一番重かった一時期を除いて、6対4か7対3ぐらいで、私のほうが多い。それは「名前のない家事」と呼ばれる雑務がけっこう多いことと、出かける仕事は彼のほうが多く、その時間も長いことが原因である。

と、客観的に思えるようになったのはここ数年のこと。実は長い間私は、自分だけ損をしているような気持ちを抱えていた。特に結婚して数年は、「私ばっかり大変」と言い出してケンカになることも多かった。

料理も面倒で、夕食の時間が近づくと「どうして仕事が佳境に入ったときに終わらせないといけないの」と不満を抱える。一人暮らしをしていた頃、仕事がノッてくるのが夕方以降だったからだ。そのために夕食が遅くなり、生活が不規則になっていたことも、うつを招く遠因だったのではないかと思う。今は午前中に一番筆がノる。

「私ばっかり」と思っていたのは、若干負担が多い、という冷静な判断をしたからではなく、夫を警戒していたからだと思う。

私が20代前半に勤めていた会社は、男女同等待遇で女性の取締役もいた。そんな職場で働く既婚の先輩女性たちからは、「結婚生活は最初が肝心で、何でもやってもらえると思わせたらダメ。ちゃんとダンナを教育すること」と、教わっていた。

また、子どもの頃からフェミニストで大学時代は女性学も学んだため、女性の家事の負担がいかに大きいか、いかに差別されているか、という知識ばかりを詰め込んだ頭でっかちさもあった。

だから、損をしないように、自分の負担が大きくならないように、とばかり気にしていて、夫がやっている家事が目に入らなかった。それに今思えば、夫もまだ未熟で、やるべき家事が見えていなかった部分もあったと思う。最近は、いろいろ細かいことに気がついて、私よりずっとマメに動いてくれることもふえてきた。それは主に私が苦手な掃除で、水回りを拭き上げる、髪の毛やホコリが溜まりがちな洗面所や部屋の隅っこなどを、気がついたときに掃除するといったこと。そういう最近の夫の行動に感動しているということは、以前は彼が家事に対して消極的なように私には見えていた、ということなのだと思う。

もう一つ私が不公平感を覚えた原因は、私自身が未熟で、心のどこかで保護者を求めていたことにあるように思う。一人暮らしのときは、誰も家事をやってくれないことがわかっていたので不満はなかった。しかし、家に頼りになる人がいるとなると、めんどくさいからやって欲しい、と思ってしまうのである。何しろ、私が経済的自立を志した理由の一つは、仕事をしていれば将来結婚しても家事を分担できるだろう、という目論見もあったぐらいだから。やらなくて済むならやりたくないのが、私にとっての家事である。

結婚当初の私は、親に保護されていた時代の感覚に戻ってしまっていた。なんで一緒に暮らしているのにやってくれないの。なんでそこにいるのに、やってくれないの。そうした不満が高じて「私ばっかり！」となってしまったのだ。

こうした理不尽な不満はしかし、夫と暮らして6年目に私がうつで倒れ、夫が料理を全部引き受けてくれたことでなくなった。期間は1年もなく短かったかもしれないが、夜中までかかる仕事があるにもかかわらず、料理できない私の分までつくってくれたことが、本当にありがたかったのだ。

それに、これまで書いてきたように、親との断絶、編集者にだまされるなど、夫がいなかったら乗り越えられなかった危機がたくさんあった。負担が大き過ぎるのは問題だが、家事を完全に同じ量にそろえることにこだわり過ぎるのもよくない。夫婦の関係はそれだけではないのだから。

家事を分担するのは、1人で家事を背負い込んだら仕事ができない、と考えるからである。料理当番を交代ですれば、相手がつくる間に休む、あるいは仕事をするなどができる。しかし、2人とも仕事をしているから、分担しても負担は残る。

それで、料理研究家の本を書いていたとき、仕事と料理を交互にしていて、発見したことをお伝えしたい。家事と仕事は両立できるのか、どちらが大切なのか、という問いの答えを考え続けた私が出した結論は、当たり前だがどちらも重要というものだった。仕事をしなければ生活するために必要なお金が得られないし、家事をしなければ生活が回らなくなる。この場合、専業主婦／主夫は除く。

このバランスをどのように取るかを真剣に考え、研究したことが、やがて食以外の家事に関してもワーク・ライフ・バランスの視点から書くことにつながり、仕事の領域を広げることになった。

また、この問題が特に女性にばかり背負わされることから、ジェンダーの領域にも広げて書くようになっていく。そうした仕事がコンスタントに来るようになったのは、ここ2、3年。2017年に『料理は女の義務ですか』を書いたことが大きいと思う。

生活の面では、なんと料理が楽しくなったのだ。

料理が楽しいことを思い出した日

料理に対する私の態度を変えるきっかけになった『小林カツ代と栗原はるみ』は、料理研究家論であると同時に、ジェンダーの本でもあった。家庭で料理を担ってきたのは女性なので、女性のライフスタイルが変化すると料理研究家の仕事にも影響する。この本を書くために、ジェンダーの問題とがっちり組み合いつつ、自分自身の家事と仕事のバランスについても考えていくうち、頭でっかちな自分に気がついた。

若い頃に出合ったフェミニズムは、家事をさせられることは女性差別、という論調が中心に見えたので、いかに男性にも負担させるかが平等への道、と私は解釈していた。

夫が出かけている間に料理する日、私だけが仕事を中断して料理する日は、夫にも当番の日があることを忘れて、損をしているように感じてしまう。その葛藤が、料理研究家たちの料理への姿勢を知るにつけ、「もしかして料理は楽しい?」という考えへ傾き、消えていった。そんな頃、わが家へ若い学生さんたちが遊びに来た。

もともと夫は家に人を呼ぶのが好きで、結婚当初はときどき友人知人を招いていた。専門学校や大学などで教える仕事を始めてからは、教え子さんたちを。しかし、私がうつになり、それどころではない期間が続いていた。日常生活に支障がないぐらい私が回復したのを見計らい、夫は再び教え子さんたちを家へ招くようになったのだ。

若い学生さんたちは、特別な技術もない私の料理でも、おいしそうにたくさん食べてくれる。あるとき、食べるペースが速かったので、料理を追加しようか聞いてみた。「はい!」「ぜひ」「食べます!」と元気な声が返ってくる。

折よく、友人がくれた野菜があった。「これね、友だちからもらったんだけど、夏の白菜っていうんだって」「夏に白菜なんてあるんですか」「へえ」などと会話しながら、夏らしく、パンチを利かせようと塩と豆板醤で炒めて出す。「すごーい。あっという間」「なんかさっぱりしていますね」「豆板醤だけですか？」など、いろいろ反応しつつ、パクパク食べてくれるのがうれしい。

そうか。世の中のお母さんたちが、不満を抱えながらも毎日家事をして、家族を支えていく動機は、これだ。食べさせる喜び。こんな風にビビッドな反応でなくても、残さず食べたり、黙々と、あるいは楽しそうに食べたりする家族の姿を、お母さんたちはずっと観てきたはず。自分がつくったものを食べてもらえることが、こんなにもうれしい。

若い子たちが、もりもり食べている姿を見るだけで、何だか満足してしまう。よくおばあさんが、自分は食べずに小さい子に食べさせて目を細める、という描写がドラマや小説であるけれど、その心境がちょっとわかった。食べてもらえることで満たされる気持ちはきっと、年をとって自分自身の食が細くなっていくほど大きくなっていく。

誰かのために家事をすることは、自分が人を支えている、役に立っていると思える喜びをもたらす。その充実感は時に、自分が欲しいものを得ることより大きい。子どもを産まなかった私はその喜びを長く知らずにきたが、学生さんたちのおかげでその一端を感じ取ることができたのである。

私が読んできた昔のフェミニストたちの文章は、社会の問題を訴えることが目的なので、そうした「与える喜び」が描かれていない。逆に、その喜びをよく知っていたのが、主婦から料理研究家になった人たちなのではないだろうか。仕事を持つと社会と直接つながれる。経済力は大切な支えだから、仕事したい人はできるだけ働く場を得られることが望ましい。一方で、生活の場にしかないやりがいもあって、主婦を選ぶ人たちの生き方を完全には否定はできない。そうした自分のスタンスも、見えてきた。

私にとって一番大きかったのは、もともと料理が好きだったことを思い出したことだ。

料理にまつわる最初の記憶は、3歳のとき、散らかしてもいいように新聞紙を敷いた床に座り、まな板をセットしてもらって、キャベツのせん切りをしたときのものである。乱雑なせん切りだったと思うが、たぶん親から褒められたのだろう。上手にできた記憶となっている。妹が生まれる前、私がまだ両親のお人形さんでいられた頃の、数少ない幸せな記憶である。

もう少し大きくなると、お古の鍋に泥水を入れ、「味噌汁」と呼んでおままごとに興じた。小学生になって、母がガスオーブンでお菓子を焼くようになると真似したくなり、小学校4年生になると、自分でクッキーを焼くようになった。たまに友だちを呼んで一緒につくることもあった。子どもの私にとって、料理は遊びだった。

中学生になった頃、親がいない土曜日に、同級生を招いて一緒に昼食をつくった。しかしこれは失敗で、楽しかったのは私だけ。彼女は親に「料理をつくらされた」と報告したらしく、後から叱られた。

高校生になると、母がパートに出るようになり、週に2、3度夕食の支度を任され、それも楽しくやっていた。だが、大学生になり社交も忙しくなると、家に居つかなくなり料理から遠ざかる。

　何年も台所に近づかない時期があったからか、一人暮らしをする際、母からテフロン加工のフライパンを与えられた。私が親の家で使ってきたのは、鉄のフライパンだったにもかかわらず。テフロン加工のフライパンの使い方を知らない私は、たわしでゴシゴシ洗って、あっという間に表面加工をはがしてしまった。

　母は、自分が教えていないため、私が料理できないと思い込んでいたのだ。私が台所に立っていた3年間を、家族の誰も覚えていなかった。そういえば、実家で料理をして誰かに感謝された記憶はない。それでも一人暮らしのときは、食べたいものをつくれる生活は楽しかったのである。

　そして夫との二人暮らしが始まる。肯定された記憶がないからか、私の中で料理が楽しかったはずの高校時代は、「つくらされた」とネガティブなものになっていた。つくらされる、やらされる。結婚すると、料理は夫に食べさせる義務に感じられる。否定形から始まった料理が楽しいはずはなかった。つくる喜び、与える喜びを忘れた期間はもったいなかったが、しかし改めて取り戻したからこそ、料理の魅力がよくわかるし、料理が嫌いな人の気持ちもわかるようになっていたのである。

料理は億劫《おっくう》であり、同時に楽しいものである

ここ数年は、かなり体調がよくなって元気に生活している。日付が変わって帰宅するとさすがに翌日ぐったりするし、1日遊び過ぎて一時的に目玉を動かせない状態に陥ることもあるが、休憩を取りながらなら、たいていのことがこなせる。うれしいのは、近頃はうつになると特につらい午前中の外出にも耐えられるようになりつつあることだ。

元気になれたのは、よく休むこと、自然と接すること、がまんをしないよう気をつけること、しっかり食べることを心がけてきたから。それに加え、人に支えられたことも大きいのではないか。夫が常に味方でいてくれたこと、友人ができたことはとても大きい。ここまで書く機会がなかったが、夫の親族や子

どもの頃から私を知っている叔父夫婦にも支えてもらった。

また、世の中に「私はここにいます」と、手紙を投函するみたいな気持ちで本を出し続けてきたのが届いて、生活を回せる程度に仕事をもらえるようになった。私の原稿を求めてくれる編集者とその人が働く会社のおかげで暮らしていける。

公私ともに誰かが私を必要としてくれている、と実感できることは何よりの支えだ。孤独で手応えのない時期があったからこそ、自分という存在を形づくっているのは、周りの人たちだと実感する。人間は社会の中に居場所を得てこそ、生きる手応えを感じられるのではないだろうか。

たまにそういう話を夫に「ありがたいなと思うねん」と言うと、「おまえも変わったな」と言われる。もしかするとうつは私にとって、人間性を磨き本来の自分らしさを引き出す人生修行だったのかもしれない。体調が回復し始めた2006年頃に、ある意味で生まれ変わった気がしている。母と断絶し、自分自身の人生を歩み始めた頃だ。

母からはたまにハガキが来るが、昔と変わらず娘と向き合う意思は皆無なのがわかるので、話し合いは成立しないと放置している。母の手紙を読むと、昔、ドラマの『東京ラブストーリー』で、赤名リカが「24時間好きって言ってて」と言い、恋人だったカンチに振られたことを思い出す。私も母の今と将来に関心がなくなってしまった。

2019年に、自分の母問題をベースに女性差別を考えたフェミニズム本『母と娘はなぜ対立するのか　女性をとりまく家族と社会』を格闘しながら書いたことで、少し見える風景が変わってきたようだ。前より母問題を冷静にみられるようになった気がする。

娘の自我を否定した母のもとで疎外感を抱いて育った私は、社会を客観的にみつめる力を得た。そして差別されている人、抑圧されている人への共感と理解が育った。しかし、親の愛をまともに受けなかった1人として、すねたものの見方も身についていた。大人になってからは、自分で自分を育て直すのに精いっぱいだったから、子どもを産まなかったのは正解だったと思う。

うつから回復していく過程で、料理に対する姿勢も矯正されていった。エネルギーが枯渇していた初期は、食べることの大切さを実感する日々だった。料理を楽しめるようになったのは、歴代の料理研究家たちの仕事に接した影響が大きい。病気になって以来、できるだけいろいろなことを楽しもうとしてきたが、料理についてもその成果が出てきたのだろう。ストレスが体調を悪くするわけだから、ストレスをかけないように暮らす。楽しくないことには手を出さないか、楽しい面を見つけるよう心がけている。

『小林カツ代と栗原はるみ』がヒットしたので、夏暑く冬寒く、そして資料がふえて手狭になった部屋から2015年に引っ越した。今の部屋は、ふえていく資料に何とか対応できている。何より室温が安定しているのがいい。冬場、暖房をかけなくても寝られるのは、部屋がそれほど冷え込まないのと、私自身の冷えが年々マシになってきたからだ。

今でも気温が10度を下回ると、頭の働きが鈍くなり体調を崩しがちになる。快適な環境に身を置くことが必要なうつは、贅沢病なのかもしれない。親のためにがまんを強いられ続けた36年間を、私は病気で取り戻そうとしているのか。

前の部屋は、買いものに不便な面があったので、駅前に使い勝手のいい商店街があることは、引っ越しの必須条件だった。今の部屋は、野菜や果物が充実したスーパーと、国産大豆を使った豆腐屋などが駅前にあるので、買いものが楽しい。全国各地のナスが並ぶ夏や、さまざまな芽ものが並ぶ春は、目新しい食材を買い過ぎてしまうほどだ。

仕事のため、常に食の情報を収集する生活になり、その中からヒントをもらって新しい料理に挑戦するようにもなった。食に関心が高い仲間がふえたおかげで、話題の料理を食べる機会もあり、外食店でもアイデアをもらう。

ここ数年、オーブンで塊肉を焼くようになった。レシピも見ないので、最初のうちは200度で30分程度しかオーブンに入れず、真ん中がまだ赤いとレンジにかけたりしていた。しかし、イギリスの料理番組を観るうちに、塊肉に火を通すにはもっと長い時間がかかるらしいと気づき、50分焼くようにしてからは失敗がなくなった。そもそもオーブン料理をつくるようになったこと自体、イギリスの料理番組の影響である。

耐熱皿にバターかオリーブ油を引き、タマネギを並べて、フライパンで表面を焼いた塊肉をのせる。周りに、下茹でしたジャガイモや、パプリカを並べる。塩・コショウのほか、コリアンダーやクミン、タイムなどを振りかける。時間さえ十分に取れれば、ほったらかしにできるオーブン料理は手間がかからずラクである。コンロや換気扇もあまり汚さない。

たまに奮発してカルピス㈱〈発酵バター〉を使うこともある。遊びに来た夫の友人が、カルピス㈱〈発酵バター〉が溶けた肉汁にパンを浸し、それをみんなで真似して「うまーい」と歓声を上げたこともある。食材や調味料が腕を上げてくれる。

人を招くことは、料理のモチベーションを高めてくれる。キャロットラペなんかもつくる。スライサーのないわが家では、ニンジンのせん切りは包丁でやらないといけないから、ふだんはつくらない料理だ。最近、ハンドミキサーとブレンダーのセットを手に入れて、今まで40分かけてつくっていたホットケーキが半分の時間でできるようになって感動した。ミキサーも買ったので、カボチャのポタージュがレパートリーに加わった。キッチンが狭いからと買わずにきた調理家電も、工夫すれば置き場所が見つかることもある。そして、便利な道具は料理を楽しくしてくれる。

人を招くと、相手を思いながら料理を考えるのが楽しい。関西の友人が出張で来た折、がんもどきなどの炊き合わせをつくったら、ホッとすると喜ばれた。喜ばれると、モチベーションが上がる。食いしん坊で料理上手な女性たちを呼ぶときは、サラダしか胸を張って勝負できるものがない。主菜のレパートリーをふやさなきゃ、とこの頃は考えている。

それでも、どうしても料理が面倒になることはある。去年から新型コロナウイルス感染症の脅威で外食が難しい時期が続き、友人たちとの会食もままならなくなった。マンネリの献立に飽きると、ふだんはつくらないパスタなど麺類に逃げている。しのいでいる間に、またやる気が戻ってくる。

きっと生きている限り、料理は楽しくなったり面倒になったりのくり返しなのだと思う。料理は、人生に似ている。いいときと悪いときがあり、重荷になる時期も、喜びの源になる時期もある。何しろ人は食べないと生きていけないし、食べたいものを一番よく知っているのは自分自身なのだから。

おわりに

本書には、私が発見したあれこれが詰まっている。4半世紀、家事を担う中で発見したこと。フェミニズムの視点で、家事と仕事の両立について考えてきたこと。スープ作家の有賀薫さん、料理教室主宰の伊藤尚子さんと結成した、「新しいカテイカ研究会」の活動を通して気づいたことなどだ。

発端は、私がカテイカの活動の一環として、一時期ｎｏｔｅで家事について書いたことだ。あまり戦略もなく書いていた私のｎｏｔｅは当初、ほとんど読者がついていなかった。ところがある日、うつが重かったときに考案したミニマム料理について書いたところ、どんどんフォロワーがふえ始めた。「あれ読んだ」と言ってくださる編集者も多く、その中の1人だった幻冬舎の羽賀千恵さんに、何度も相談して生まれたのが本書である。まずは、『幻冬舎ｐｌｕｓ』で2019年10月14日～2020年8月29日まで月2回連載したうえで、1冊にまとめた。

連載中は、自分の記憶を引っ張り出し締め切りに間に合わせることに必死だったが、改めて校正刷を読み、赤裸々に書いていることにわれながら驚いた。しかし、飾らず実態を描くことで、伝わるものはあるのではないかと思う。

と言いつつ、実は闘病中も「こんなおいしいネタは、いつかきっと使おう」と思いながら、病状を心の中にメモっていた。まだ何者でもなかった阪神淡路大震災のときも、「これで私は作家になれる！」と思ったものだ。それは書く以外に何の取柄もなく、つまらない人生を送っているつもりだったからだ。しかし、人生をつまらなくしているのは、自分自身でもあったことも、やがて理解していく。

コロナ禍、家事と生活、料理と仕事のバランスに悩んできた方は、たくさんいたと思う。コロナ禍に先立つ数年間も、家事の省力化を求める声は大きくなっていた。自分が30代のときと同じように、今の20～30代も、理想の「ていねいな暮らし」と現実の折り合いをつけるために葛藤していることを知り、参考になればと筆をとった部分もある。

皆がイメージしている「ていねいな暮らし」は、昭和後期の専業主婦たちの一部のものだと思う。彼女たちにお金の心配は少なかったかもしれないが、自分が必要とされているのだろうか、と不安と孤独に苦しんでいた。彼女たちの葛藤が、1970年代の第2次と呼ばれたフェミニズム・ムーブメントの原動力の一つになった。

今は、仕事と両立が困難という現実が、4度目のフェミニズム・ムーブメントの原動力の一つになっている。女性たちを動かすのは、いつも生活のうえでの苦しみである。最近映画化された大正時代のコメ騒動は、日々のコメに困る女性たちが始めたものだ。生活は社会を動かす最大の原動力であり、料理することは生きるための行為である。だから、もしあなたが日々つくる人なら、その役割を誇りに思っていい。しかしだからといって、負担が大き過ぎるのに全部自分で背負う必要もない。誰かのサポートを受けること、外注できるサービスを利用することが必要な場合もある。

本書を書くことで、私自身は料理が自分を支えてきてくれたことを、改めて実感した。何しろ食べることは生きることなのである。つくることは、能動的に生きることへつながる。

後日談を少しお知らせしておく。コロナ禍で、もともと自宅で仕事をしてきた私自身の生活は、大きく変わらなかった。友人に会う機会が激減したのは、残念だが。

しかし、夫は物書きであると同時に専門学校・大学の講師もしているので、リモート授業になって生活が変わった。その結果、私の生活にもリモート授業が食い込んできた。私は夫の授業中、いつもの仕事場を追われ、彼が授業の合間に昼食を食べられるように準備する。夫が前より家の中のことが気になる、とスタンド式の掃除機を買って毎日マメに掃除機をかけるようになったことが、家事における大きな変化である。

料理について私は、だいたい苦もなくやっている。それは、相変わらずのかんたん料理だからである。真冬のこの時期は、野菜と肉の煮込み系の料理に、菜っ葉を炒めて合わせることが多い。経験年数並みには上達したが、相変わらず自慢できるほどの腕前でもない。しかし、それで十分。料理して食べる生活は長く続くので、負担にならないようにすることが、私にとっては大切だ。料理も大切だが、仕事や社交、息抜きも変わらず大事である。

うつはかなり回復した。通院も投薬も続けているが、規則正しい生活がベースにあれば、たいていのことはできる。本書を書いて病気を相対化したことが、また一段階病状を軽くしてくれたように思う。今年はいつも不安定になりやすい1月も、元気だった。それは、仕事相手や仲間がふえて、必要とされていることを実感できているからかもしれない。

病気を特に隠していたわけではないが、あまり人に語ってこなかったこともたくさんある。その意味でカミングアウトを含めた本書は、寄り添ってくださった羽賀千恵さんがいなければ成立しなかった。また、私がこんな本を書けるほど元気になったのは、夫をはじめ多くの人が支えてくれたおかげである。人が1人で生きているわけではないことを、こんなに感じる本はなかった。皆さまに心から感謝している。

どうか1人でも多くの人の心に、私の思いが届きますように。

2021年1月

阿古　真理

カバー・本文イラスト　土屋未久
デザイン　アルビレオ

〈著者紹介〉
阿古真理　作家・生活史研究家　食を中心にした生活史やトレンド、ジェンダーなどを研究。主な著書に『母と娘はなぜ対立するのか』『「和食」って何？』（共に筑摩書房）、『料理は女の義務ですか』『小林カツ代と栗原はるみ』（共に新潮社）、『日本外食全史』（亜紀書房）、『平成・令和食ブーム総ざらい』（集英社インターナショナル）など。

料理に対する「ねばならない」を捨てたら、
うつの自分を受け入れられた。
2021年4月15日　第1刷発行

著　者　阿古真理
発行人　見城 徹
編集人　森下康樹
編集者　羽賀千恵

GENTOSHA

発行所　株式会社 幻冬舎
〒151-0051 東京都渋谷区千駄ヶ谷4-9-7

電話：03(5411)6211(編集)
03(5411)6222(営業)
振替：00120-8-767643
印刷・製本所：中央精版印刷株式会社

Printed in Japan
ISBN978-4-344-03781-6 C0095
幻冬舎ホームページアドレス　https://www.gentosha.co.jp/

この本に関するご意見・ご感想をメールでお寄せいただく場合は、
comment@gentosha.co.jpまで。